novum pro

Viola Trüb-Girardi

Anna und die fremde Frau

Erzählungen

novum pro

Bibliografische Information
der Deutschen Nationalbibliothek:

Die Deutsche Nationalbibliothek
verzeichnet diese Publikation in
der Deutschen Nationalbibliografie.
Detaillierte bibliografische Daten
sind im Internet über
http://www.d-nb.de abrufbar.

ISBN 978-3-99048-458-6
Lektorat: Volker Wieckhorst
Umschlagfoto:
Emotionart | Dreamstime.com
Umschlaggestaltung, Layout & Satz:
novum Verlag

Gedruckt in der Europäischen Union
auf umweltfreundlichem, chlor- und
säurefrei gebleichtem Papier.

www.novumverlag.com

Für Liliane und Eveline

Er ist gekommen

Der Wald, dachte Anna, der schöne Wald, in den sie fast jeden Tag während des ganzen Jahres ging, war Sinnbild des Lebens. Hier konnte man das leise Erwachen, das Werden zur Vollendung und das allmähliche Vergehen und Ruhen der Natur beobachten.

Wenn sie an einem kalten Morgen im Februar den verschneiten Wald durchstreifte, herrschte Stille, lautlose Stille. Kein Lebewesen war zu sehen und zu hören, alles ruhte: die Pflanzen unter der schneebedeckten Erde, die Tiere in ihren Winterverstecken, die Menschen in ihren warmen Wohnungen.

Und doch, diese lautlose Stille war von einer eigenartigen Erwartung erfüllt.

Im März kam es jedes Mal über sie, das leise Verlangen, die leise Sehnsucht nach neuem Erwachen. Die Bäume waren noch kahl, viel Licht konnte bis zum Waldboden dringen, da begann es sachte, das neue Leben des Waldes. Zwischen Schneeresten streckten die ersten Blümchen ihre filzigen Stiele mit gelben Köpfchen hervor, der Huflattich war erster Frühlingsbote. Und ein ahnungsvoller, süßer Duft lag in der Luft. Etwas später erschienen Buschwindröschen. Als Kind nannten wir sie Guggublümchen. Sie breiteten sich mit ihren dunkelgrünen Blättern und weißen Kelchen überall aus.

Im April konnte es vorkommen, dass der Winter nochmals Herr werden wollte, es schneite, und alle Bäume standen wieder in weißem Schmuck da. Doch die Sonne hatte jetzt schon viel Kraft, und bald war aller Schnee wieder geschmolzen. Bäume und Sträucher trieben grüne Knospen, die Tannen hatten hellgrüne Spitzen an den Zweigen, und da, auf dem moosigen Boden, lugten die von Anna so sehr erwarteten gelben Schlüsselblumen hervor. Sie pflückte ein paar und roch an ihnen. Ja, das war er, der ersehnte Duft des Frühlings.

Wenn sie, so Anfang Mai, einmal erst nach einer Woche wieder in den Wald kam, staunte sie. Sie befand sich in einem Meer von Hellgrün. Alle Bäume und Sträucher trugen hellgrünen Blätterschmuck. Der Wald stand in voller Schönheit da. Buchfinken, Meisen, Eichelhäher jubilierten in den Zweigen. Spechte hämmerten an Baumrinden, und ein Milan zog seine weiten Kreise über den Bäumen.

Frühling, ja du bist's, das Wunder ist geschehen!

Feierabend

Es war während der Kriegszeit in einer kleinen Dachwohnung in der großen Stadt.

Der Erstklässler Andreas saß am Stubentisch und machte Schulaufgaben. Die Hängelampe über dem Tisch spendete warmes Licht. Der trübe Novembernachmittag neigte sich seinem Ende zu. Im kleinen Kachelofen knisterte das Holz. Als es nur noch glühte, packte die Mutter Kohlen-Briketts in Zeitungspapier und schob sie in die Ofentüre. „So hält die Wärme länger an", sagte sie.

„Schau, Mutter, jetzt habe ich die Reihe Achter fertig." Andreas hielt ihr das Heft mit der karierten Seite entgegen. Er hatte Zahlen geschrieben. Jede Zahl hatte er zuerst mit Bleistift auf den Karos mit Pünktchen markiert. Die Einer brauchten drei, die Achter waren die schwierigsten, sie brauchten sieben Punkte. Zerstreut schaute die Mutter auf das Heft. „Das hast du schön gemacht", sagte sie.

Ihr Blick ging auf die alte Pendeluhr an der Wand. „Fünf Uhr, jetzt hat Vater Feierabend", sagte sie. Andreas schaute die Mutter an. Ihre Augen hatten einen sonderbaren Ausdruck.

Dann ging sie in den Korridor. Dort hing ein Spiegel an der Wand. Sie nahm Haarbürste und Lippenstift aus der Kommoden-Schublade und bürstete ihr braunes Haar, das in etwas wirren Locken um ihr schmales Gesicht hing. Dann zog sie die Lippen mit dem Stift rot nach. Sie ist schön, dachte Andreas.

Die Mutter schaute kurz auf das Telefon an der Wand, dann verschwand sie in der Küche.

„Du kannst noch mit deinem Baukasten spielen!", rief sie Andreas zu. Sie zog die Schürze an und schaltete den alten Radioapparat an. Durch die offene Küchentür hörte Andreas den Sender Beromünster. Eine Stimme erstattete Bericht über die neuesten Kriegsereignisse aus dem Ausland. Andreas verstand nichts davon.

Da läutete es. Rasch war die Mutter an der Wohnungstür. Es war nur Beat, der Nachbarsjunge. Er fragte, ob Andreas zu ihm spielen kommen dürfe.

„Nein", sagte die Mutter, „es ist ja schon Abend, wir essen bald zu Nacht."

Andreas seufzte, er dachte an die elektrische Eisenbahn von Beat. Dann schaute er in das enttäuschte Gesicht der Mutter, sagte nichts und kehrte zu seinem Baukasten zurück.

Es währte lange. Die Wanduhr schlug siebenmal. Da, was waren das für verhaltene Töne aus der Küche? Andreas eilte zur Mutter. Sie saß am Küchentisch, hatte den Kopf auf die verschränkten Arme gelegt und weinte leise.

„Was hast du?", fragte er.

„Ach nichts", meinte sie. Sie schaute ihren Jungen an und sagte: „Jetzt kommt der Vater noch lange nicht nach Hause, jetzt wollen wir es zusammen gemütlich haben. Ich mache uns eine Apfel-Rösti, die du so gerne hast." Braune, geschrumpfte Lederäpfel lagen auf dem Tisch. Die Mutter schnitt hartes Brot in kleine Stücke und gab sie mit den zerkleinerten Äpfeln in eine Bratpfanne, in der sie vorher etwas Butter geschmolzen hatte, dann kamen noch Rosinen, Zucker und Zimt dazu, und der gute Schmaus war fertig. Draußen war es ganz dunkel, ein paar erste Schneeflocken wirbelten an das Fenster. Die Mutter zündete eine Kerze an. Sie aßen langsam. „Wenn es Schnee gibt", sagte Andreas, „mache ich für dich im Hof einen Schneemann, nur für dich allein."

„Ja", sagte sie und umarmte ihren Buben. „Jetzt ist es Zeit für dich, ins Bett zu gehen, putze die Zähne und zieh dich aus, ich komme dann zum Gutenachtsagen." „Erzählst du mir noch eine Geschichte? Die vom Hans im Glück?", fragte Andreas.
„Ja", sagte die Mutter.

„Wann kommt der Vater nach Hause?", fragte Andreas.

„Ich weiß es nicht", sagte sie.

Die Mutter hatte die Geschichte erzählt, sie hatte Andreas einen Gutenachtkuss gegeben und war aus dem Kinderzimmer gegangen. Die Tür hatte sie hinter sich zugezogen.

Andreas lag still im Bett. Er wusste ja, wo der Vater war. In der Kneipe mit seinen Kumpanen war er. Dort verbrachte er den Feierabend. Dort wurde Bier getrunken, gelärmt und gelacht. „Ich hasse ihn, ich hasse ihn!", schluchzte Andreas in sein Kissen.

Plötzlich hörte er, wie die Mutter Mantel und Schuhe anzog. Sie öffnete leise die Tür zu Andreas Zimmer und schaute zu seinem Bett. Er stellte sich schlafend. Da ging sie aus der Wohnung. Andreas wusste, sie ging den Vater suchen.

Andreas hatte Angst, er war allein, er konnte sich nicht mehr rühren. Die Kehle war wie zugeschnürt. Lange lag er ganz steif da. Er hörte das Ticken der Uhr, er hörte, wie sie elfmal schlug. Da hielt er es nicht länger aus. Er schlich im Nachthemd in den kalten Korridor hinter die Wohnungstür. Er drückte die Falle, die Tür war verschlossen. Andreas stand da und horchte ins Treppenhaus hinaus. Er hörte Schritte. Waren es die Eltern? Nein, die Schritte verhallten, eine Tür wurde geöffnet, Lachen drang aus der unteren Wohnung, dann war es wieder still. Andreas schlotterte, der Korridor war nicht geheizt. Jetzt schlug die Uhr zwölfmal. Eine lange Zeit verging, da vernahm er wieder Schritte, sie kamen höher und höher hinauf und ... ja, es waren Vater und Mutter, er hörte ihre Stimmen, Gott sei Dank, Vaters Stimme klang nicht böse.

Da huschte Andreas schnell wieder in sein Bett, zog die Decke zu sich herauf, drehte sich zur Seite und schloss die Augen.

Die Wohnungstür wurde geöffnet. „Mach leise", sagte die Mutter, „damit der Kleine nicht aufwacht." Sie kamen ins Kinderzimmer und sahen ihren schlafenden Jungen an. Lange sagten sie nichts. Da spürte Andreas plötzlich, wie der Vater ihm mit seiner harten Arbeiterhand über die Haare strich.

Als die Eltern gegangen waren, zog Andreas unter der Decke seine Knie ganz nahe zu sich heran und fing an zu schluchzen. Er schluchzte aus übergroßer Erleichterung, denn für diese Nacht war seine Welt wieder in Ordnung.

Onkel Giacomo

Es war im Jahre 1940 vor Ostern. Für die 7-jährige Marietta war Ostern das schönste Fest des Jahres. Da fuhren Vater Guiseppe, Mutter Erika, Marietta und ihr kleiner Bruder Carlo zur Nonna, der italienischen Großmutter, nach St. Gallen. Und man fuhr mit der Eisenbahn! Das kam nur einmal im Jahr vor, eben an Ostern.

Ostersonntag in der Früh stieg die Familie im Zürcher Hauptbahnhof in den Zug, in einen Wagen dritter Klasse. Die Bänke waren aus Holz, es roch nach abgestandenem Zigarettenrauch. Etliche Fahrgäste waren schon da. Ein Abteil mit 4 Plätzen war aber noch frei. Die Kinder stürzten zum Fenster, zogen es hinunter und streckten die Köpfe hinaus. „Lies mal, was auf diesem Email-Schild steht", sagte der Vater zu Marietta.

„Nicht hinauslehnen", buchstabierte sie. „Und da hat es noch eine Tafel, was steht da drauf?", fragte Carlo.

„Nicht auf den Boden spucken", las die Mutter vor. Da schaute sich Carlo um. Niemand sah zu ihm her. Schnell spuckte er verstohlen ein bisschen auf den Boden.

Der Zug fuhr an. War das aufregend! Ein wenig lehnte man schon zum Fenster hinaus und ließ sich den Wind durch die Haare wehen. An einigen Stationen hielt der Zug an. Nach etwa anderthalb Stunden war man am Ziel.

Die Nonna wohnte in der Altstadt. Als der Vater an der alten Wohnungstür läutete, öffnete die Großmutter. Sie war eben von der Ostermesse heimgekommen und trug noch ihr schwarzes Sonntags-Seidenkleid. Eine Goldkette mit einem Medaillon baumelte auf ihrer Brust, und in den Ohren trug sie goldene Ringe. Das noch fast schwarze Haar hatte sie kunstvoll aufgesteckt. „Meine lieben Schatzeli sind gekommen!", rief sie und drückte Marietta und Carlo an ihr Herz. „Kommt herein."
In der Stube saß am alten Klavier Onkel Giacomo, der schiefe

Giacomo, wie ihn die Leute nannten. Er war Vaters jüngster Bruder und hatte ein Geburtsgebrechen. Seine linke Hüfte war verwachsen. Mit seinem schiefen Gang hinkte er der Familie entgegen. Er lächelte freundlich. „Tschau Bella", sagte er zu Marietta. „Dürfen wir Klavier spielen, Onkel Giacomo?", fragten die Kinder.

„Also, so kommt, ihr Rangen", lachte er. Er zeigte ihnen geduldig die Tasten und lehrte Marietta „Alle meine Entlein" spielen. Jetzt wollte es auch Carlo versuchen.

Da kam Cousine Ramona herbeigesprungen. Sie war die Tochter von Tante Norma, die bei der Nonna lebte. „Kommt, ich zeige euch mein Oster-Nestchen!", rief sie. In ihrem Nestchen saß ein Osterhase aus rotem Zucker. So einen Hasen hatte Marietta noch nie gesehen. Die Osterhasen zu Hause waren immer aus Schokolade. Sofort wünschte sich Marietta sehnlichst einen solchen roten Hasen, wie Ramona ihn hatte. Da kam die Nonna herein und sagte zu Carlo und Marietta: „Suchen gehen, vielleicht hat es noch mehr Osternester." Und siehe da, sie fanden jedes ein Nestchen mit einem roten Zuckerhasen inmitten von kleinen Schoggieiern. Marietta war begeistert.

Da läutete es an der Wohnungstür, neuer Besuch kam. Laute Stimmen tönten durcheinander. Es waren Vaters Brüder Mario, Ettore und Bruno. Alle setzten sich an den runden Tisch. Die Nonna war glücklich. Ihre ganze Familie war da. Sie kam mit einer riesigen blechernen Kaffeekanne in die Stube. Der Kaffee war stark und bereits gesüßt. Tante Norma stellte geblümte Tassen auf den Tisch und brachte auf einer Platte einen großen Panettone. Die Kinder bekamen Sirup. Ein Korb mit gefärbten Ostereiern stand vor ihnen.

Nun begann zwischen Giuseppe, Ettore, Mario und Bruno ein Diskutieren und Gestikulieren, sie redeten laut, und zwar Italienisch. Besonders Ettore ereiferte sich zusehends, der elegante Bruno (er trug graue Wildledergamaschen über seinen modischen Schuhen) stichelte ihn immer mehr an. „Streiten sie?", fragte Carlo die Nonna.

„Nein, nein, politisieren, immer nur politisieren, und das an Ostern", schimpfte sie. Onkel Bruno lachte. „Mamma mia!", rief er und legte seinen Arm zärtlich um die Nonna. „Geh du zur Madonna in die Kirche und zünde für uns Sünder eine Kerze an."

Onkel Giacomo aber saß an einem kleinen Nebentisch, er hatte einen großen Zeichenblock vor sich. Außer Klavierspielen hatte er noch mehr Talente. Er konnte wunderbar zeichnen. Durch seinen schwarzen Stift entstanden Karikaturen von allen Anwesenden.

Die Kinder machten „Eiertütschis", dazwischen liefen sie zu Giacomo und jubelten, wenn sie wieder ein Familienmitglied erkannten. Zuletzt hinkte der Onkel an den großen Tisch und legte jedem sein Konterfei hin. Da gab es verblüffte Gesichter. Es ist ja nicht immer so angenehm, sich als Karikatur zu sehen. Zuletzt aber siegte der Humor, und alle lachten.

„Onkel Giacomo, zauberst du noch ein wenig?", fragte Carlo.

„Ach, zaubern, schaut lieber mal zu euren Osternestern", meinte er. Ja, was sahen da die Kinder? Nur noch ein paar Schoggi-Eilein lagen darin, die roten Zuckerhasen waren verschwunden.

Jetzt begann ein Suchen. Die Nonna kam mit einer neuen Kanne Kaffee herein, und was guckte da aus der Tasche ihrer Küchenschürze? Etwas Rotes. „Das ist mein Hase!", rief Ramona und ergriff ihn schnell. Marietta musterte den grau-schwarz gestreiften Blazer von Onkel Bruno und sah plötzlich zwei rote Ohren aus seiner Tasche gucken. „Mein Hase!", rief sie und packte ihn. Fast gleichzeitig entdeckte auch Carlo seinen Osterhasen, er saß auf Vaters Schoß.

Nun kehrten die Kinder zu ihrem Korb mit den bunten Eiern zurück. Aber da waren keine Eier mehr! Onkel Giacomo humpelte herum. Er zog ein rotes Ei aus Onkel Ettores Jackenärmel, ein blaues aus dem Hosenbein von Onkel Mario, ein grünes sogar aus dem runden Ausschnitt von Tante Norma. Die Erwachsenen lachten, die Kinder staunten.

Plötzlich aber war Onkel Giacomo müde. Er kehrte still an seinen Platz zurück. Die Kinder wussten: Jetzt musste man ihn in Ruhe lassen.

Als es Abend wurde, stellte Tante Norma vor jeden Platz einen Suppenteller mit Löffel, dann kam sie mit einer großen

Schüssel Minestrone, nach Nonnas Geheimrezept zubereitet, herein. Dazu gab es Weißbrot, Salami und Coppa. Zwei große Korbflaschen Chianti standen da, das Fest konnte weitergehen.

Dann war es Zeit zum Aufbrechen. Marietta lief noch schnell zu Onkel Giacomo. Er saß still auf seinem Stuhl mit einem Kissen im Rücken und hatte die Augen geschlossen. „Danke, Onkel Giacomo", sagte Marietta.

Er öffnete die Augen. Ein müdes Lächeln erschien auf seinem Gesicht. „Hat es euch Spaß gemacht?", fragte er. Er drückte Mariettas Hand. „Tschau Bella", sagte er noch und schloss wieder die Augen.

„Sepp", sagte auf der Heimfahrt die Mutter zu ihrem Mann: „Du hast eine herrliche Familie. Bin ich froh, einen Italiener geheiratet zu haben." Und sie gab ihm einen Kuss.

„Am liebsten von allen habe ich Onkel Giacomo", sagte Carlo. „Er kann so viele tolle Sachen."

Wie hat er nur meinen roten Zucker-Osterhasen in Onkel Brunos Jackentasche gezaubert?, dachte Marietta.

Die fremde Frau

Anna erwachte mitten in der Nacht.

Damals, in den Kriegszeiten schlief Anna im Elternschlafzimmer. Ihr Bett stand am Fenster, gegenüber den Ehebetten.

Der Vater war oft wochenlang im Militärdienst. Dieses Wochenende hatte er Urlaub gehabt. Und in der Nacht vom Sonntag auf Montag, wo er wieder einrücken musste, geschah es, dass Anna, das elfjährige Mädchen, durch ziemlich lautes Reden der Eltern aufgeweckt wurde.

„Also“, hörte sie den Vater sagen, „am übernächsten Sonntag kommt sie uns besuchen.“

„Aber wozu soll das gut sein, ich will diese fremde Frau gar nicht sehen“, antwortete die Mutter.

Aus dem weiteren Gespräch entnahm Anna, dass der Vater bei einem Ausgang mit seinen Militär-Kameraden eine Frau kennengelernt hatte. Von dieser Frau schwärmte er: „Irma ist Lehrerin, interessant und blitzgescheit, dazu noch hübsch. Sie war mit zwei Freundinnen dort im Restaurant. Ich hätte ihr sofort gefallen, sagte sie.“

„Hast du dich in sie verliebt?“, fragte die Mutter.

Der Vater zögerte ... Dann meinte er: „Jedenfalls habe ich ihr gesagt, dass ich eine Frau und drei Kinder habe, und nun will sie euch unbedingt kennenlernen. Du wirst sehen, sie ist eine tolle Frau, halt nicht so ein braves Hausmütterchen ...“

Daraufhin sagte die Mutter nichts mehr. Nach einer Weile aber hörte Anna verhaltene Töne, ein leises Weinen aus Mutters Bett.

Da hielt es das Mädchen nicht mehr aus. „Nein!“, schrie es, „nein!“

Augenblicklich wurde es still im Schlafzimmer. Niemand kam zu Anna ans Bett. Sie horchte nach den Eltern. Es wurde kein Wort mehr gesprochen, und endlich schlief Anna ein.

Als sie am nächsten Morgen erwachte, schaute sie auf den Wecker, es war schon acht Uhr. Sie erschrak, aber dann kam es ihr in den Sinn, dass heute ja Lehrer-Synode war und sie keine

Schule hatte. Sie hörte ihre kleinen Geschwister in der Küche lärmen, dazwischen die Stimme der Mutter. Vom Vater hörte sie nichts. Wahrscheinlich war er schon wieder auf dem Weg in den Militärdienst. Anna setzte sich auf. Da ging die Tür auf und die Mutter kam an ihr Bett. Sie legte den Arm um ihr Mädchen und sagte: „Du hast mich lieb, nicht wahr?"

„Ja", sagte Anna. „Und ich will diese fremde Frau nicht sehen."

Da lachte die Mutter ein wenig und sagte: „Weißt du, Anna, ich schon, jetzt nimmt es mich wunder, ob diese Lehrerin so toll ist, wie Vater sagt."

Und der verhängnisvolle Sonntag kam. Peter und Lisa freuten sich auf den Besuch. „Vielleicht bringt sie uns etwas mit", sagte Lisa.

„Hoffentlich nicht so ein langweiliges Bilderbuch", meinte Peter. „Lehrerinnen haben es immer mit Büchern."

„Wie könnt ihr von so einer nur etwas annehmen wollen!", rief Anna. „Aber es ist hoffnungslos, ihr Kleinen kapiert es eben nicht."

Um zwei Uhr nachmittags sollte die Frau kommen. Anna beschloss, im Kinderzimmer zu bleiben und sich nicht blicken zu lassen.

Sie hörte es an der Wohnungstür läuten und dann eine laute, etwas außer Atem geratene Frauenstimme: „Da bekommt man ja fast einen Herzschlag, Sepp, bis man zu euch in den vierten Stock hinaufgestiegen ist."

Sie hörte, wie der Vater zur Mutter sagte: „Rösli, das ist jetzt Irma Steiner."

Und zu den Kleinen: „Nämlich die Frau Steiner, vor der ich euch allen erzählt habe." Sie hörte, wie sich alle ins Wohnzimmer begaben. Sie hörte die fremde Frau mit ihrer lauten Stimme sagen: „Ja, und die Frau Steiner hat euch etwas mitgebracht, nämlich hübsche Bilderbücher. Aber wo ist deine ältere Tochter, Sepp?"

„Ja, wo ist Anna?", fragte Vater. „Anna, komm und begrüße unseren Besuch." Anna tat keine Bewegung. Da riss Vater die Tür zum Kinderzimmer auf und zog Anna in die Stube.

Und Anna schaute diese fremde Frau an, diese Frau in ihrem roten Kleid, den roten Schuhen, dem rot angemalten Mund, der braunen Lockenfrisur und der lauten Stimme.

„Aber Sepp!", rief diese, „deine hübsche Tochter sieht dir ja wie aus dem Gesicht geschnitten aus!", und sie wollte Anna die Hand geben. Anna aber ließ ihre Arme hinunterhängen und sah die Frau trotzig an.

Der Vater wollte einschreiten, aber die Lehrerin lachte und sagte: „Lass nur, Sepp, man soll Kinder zu nichts zwingen."

Da kam die Mutter mit einer Platte herein, auf der ein frisch gebackener Kuchen lag. Anna sah ihre Mutter in ihrer weißen Bluse, dem grauen Rock und den kleinen Perlen in den Ohren an. Sie hatte die Lippen rosa nachgezogen und sah mit ihren kurzen blonden Haaren sehr fein, fast elegant aus. Sie ist viel schöner als diese fremde Frau, dachte Anna.

„Was!", rief diese aus. „Sie haben selbst gebacken! In diesen Kriegszeiten, wo alles rationiert ist, bekommt man ja fast keine Zutaten mehr dazu. Ich jedenfalls backe schon längst nicht mehr. Für mich allein lohnt es sich ja auch nicht."

„Ach", sagte die Mutter. „Ich habe halt Eier und Butter etwas zusammengespart. Es sollte ja heute eine richtig gemütliche Sonntags-Kaffeestunde geben. Anna, hol bitte den Kaffeekrug herein."

Anna ging zur Tür, sah aber noch, wie der Vater seine Frau anblickte. Es lag etwas wie Stolz in seinen Augen. Dann tranken die Erwachsenen Kaffee und die Kinder Sirup, und alle lobten den feinen Kuchen. Es wurde wie gesagt gemütlich, aber dazwischen auch laut. Man sprach vom Kriegsgeschehen, Vater erzählte Militäranekdoten. Aber am lautesten redete Irma Steiner. Sie hatte zu allem ihre vorgefasste Meinung. Sie versuchte auch ein paarmal, Anna anzusprechen. Diese aber schaute einfach weg und sagte kein Wort. Die Kinder langweilten sich, begannen zu streiten. Dann wurde ihnen erlaubt, vom Tisch zu gehen. Peter holte seinen Mecano-Baukasten, Lisa schaute das neue Hasen-Bilderbuch an. Anna hätte gerne auch hineingesehen, aber das Buch war ja von dieser Frau und darum für sie tabu.

Anna beobachtete die Erwachsenen. Besonders ihren Vater. Je lauter Irma redete und lachte, je stiller wurde er. Sie sah, wie er nachdenklich wurde, wie seine Blicke oft zu seiner Frau gingen, wie er die beiden Frauen miteinander verglich. Als alle fertig gegessen und getrunken hatten, half sie der Mutter, das Geschirr hinauszutragen.

Nach zwei Stunden begann sich Irma Steiner zu verabschieden. „Sepp", sagte sie zum Vater, „du hast eine charmante Frau. Ihr seid eine glückliche Familie. Deine große Tochter aber liebt mich nicht, und ich will euch darum nicht mehr stören. Ich verabschiede mich – für immer." Vater protestierte nicht.

In der Küche nahm die Mutter ihr großes Mädchen in die Arme. „Das hast du gut gemacht", flüsterte sie ihm verschwörerisch ins Ohr.

Am nächsten Morgen, als der Vater wieder ins Militär einrücken musste, sah Anna, wie er die Mutter umarmte.

Das siebte Gebot

Vikar Widmer war ein gutmütiger, etwas schüchterner Mensch. Er gab katholischen Religionsunterricht. Wenn er in seinem schwarzen Priester-Anzug mit weißem Stehkragen ins Klassenzimmer trat, schaute er auf seine Schüler und Schülerinnen und sagte: „Gelobt sei Jesus Christus."

„In Ewigkeit Amen", antwortete die Klasse.

Anna war zehn Jahre alt und ging gern in den „Unti". Auch andere gingen gern zu Vikar Widmer, denn bei ihm musste man sich nicht anstrengen. Man konnte sich von Sprache und Rechnen erholen und während des Unterrichts heimlich „Schiffli versenken" spielen oder einander Nachrichten auf kleine Zettel schreiben.

Manchmal merkte es der Vikar, dann rief er: „Aufpassen!", aber nicht sehr laut, und da tat er Anna Leid. Und sie gab sich Mühe, schrieb keine Zettel mehr an ihre Freundin während der Stunde und lernte aus dem Katechismus. Die zehn Gebote konnte sie wie am Schnürchen auswendig aufsagen. Ihre Anstrengungen wurden belohnt. Im Zeugnis stand bei Religionslehre eine „6" und im Betragen ein „sehr gut".

Die Gebote musste man einhalten, das war klar. In der Theorie schien es einfach, aber wie sah es in der Praxis aus?

Es war in den Kriegszeiten. Anna lebte mit ihren Eltern und Geschwistern im vierten Stock eines älteren Hauses in einer ruhigen Straße. Neben ihrem Haus befand sich ein Konsumladen. Annas Mutter kaufte dort alles ein und war mit der Filialeleiterin, Fräulein Rüegger, befreundet. Die Lebensmittel waren rationiert, und die Einkäufe wurden in einem Büchlein aufgeschrieben. Immer am Ende des Monats saß die Mutter am Küchentisch und rechnete die Summe zusammen. Dann ging sie zu Fräulein Rüegger, um ihre Schulden zu bezahlen und noch ein wenig mit ihr zu schwatzen.

Annas Schulweg führte jeden Tag am Konsumladen vorbei. An einem schönen Sommertag blieb sie lange vor der Auslage im Freien stehen. Da hatte es Salatköpfe, Tomaten, Äpfel, Birnen. Die ließen Anna kalt. Ihre begehrlichen Augen waren auf die Pfirsiche gerichtet. Da lagen sie und waren wunderschön, blassgrün, rötlich überlaufen, und hatten eine samtene Haut. Anna roch daran. Ja, wenn sie so einen Pfirsich haben könnte, das wäre die Seligkeit. Aber sie riss sich los und setzte ihren Schulweg fort.

Zu Hause gab es nie Pfirsiche. Einmal hatte Maya, ihre Banknachbarin in der Schule, einen Pfirsich mitgebracht. Anna durfte einen Bissen davon nehmen. Er war saftig und süß, einfach wunderbar.

Wenn Anna und ihre Geschwister nach der Schule heimkamen, gab ihnen die Mutter ein Stück Brot und einen Apfel. „Öpfel und Brot macht d' Backe rot", sagte sie. Nun ja, Äpfel hatten sie im Keller auf der Hurde. Das war Alltagskost, und Anna sah nie, dass davon ihre Wangen rot wurden.

Als Anna an diesem schönen Sommertag von der Schule heimkehrte, blieb sie wieder vor der Konsum-Auslage stehen. Sie schaute sich um, niemand war in der Nähe, und da griff sie rasch nach dem schönsten Pfirsich, steckte ihn in ihre Schürzentasche und ging, als wenn nichts geschehen wäre, nach Hause. Aber sie stieg nicht in die Wohnung in den vierten Stock hinauf, sie ging in den kleinen Hof hinter dem Haus. Auch hier war zum Glück niemand. Sie setzte sich auf die Bank in der Ecke und nahm ihren Pfirsich heraus. Sie aß ihn nicht sofort, sie drehte ihn in ihren Händen, fühlte, wie er weich und samten war, und dann, mit geschlossenen Augen, biss sie hinein in diese verbotene Frucht und fühlte sich im Paradies.

Aber die Strafe folgte bald. Als sie den Pfirsich gegessen hatte, überfiel sie Reue. Sie hatte gegen das siebte Gebot verstoßen, das da hieß: Du sollst nicht stehlen. Was sie getan hatte, war Diebstahl. Das schlechte Gewissen ließ sie nicht mehr los. Am nächsten Tag sagte die Mutter nach dem Mittagessen: „Anna, komm mit mir in dein Zimmer, ich muss mit dir reden."

Sie setzte sich neben Anna aufs Bett und sagte: „Heute morgen im Konsum erzählte mir Fräulein Rüegger, dass sie gestern durchs Ladenfenster gesehen habe, wie du einen Pfirsich von der Auslage genommen hast. Warum nur hast du so etwas getan?"

Anna erschrak. Also hatte nicht nur der liebe Gott ihren Diebstahl gesehen, auch Fräulein Rüegger hatte sie auf frischer Tat ertappt. Sie senkte den Kopf. „Ich weiss nicht", flüsterte sie.

„Ich habe mich so geschämt", sagte die Mutter. „Nun weiß Emma Rüegger, dass meine Tochter eine Diebin ist."

Da kamen Anna die Tränen. „Ich werde es nie mehr tun", sagte sie. Leider war die Angelegenheit damit nicht erledigt. Die Mutter verlangte, dass Anna sich bei Fräulein Rüegger entschuldigte.

Ja, dieser Gang nach Canossa blieb Anna nicht erspart. Das war viel schlimmer, als wenn sie Herrn Vikar Widmer im Beichtstuhl ihre Sünde bekennen müsste.

Am Abend wartete Anna vor dem Konsum, bis die letzte Kundin gegangen war. Dann trat sie ein. Hinter dem Ladentisch stand die Filialleiterin. Sie hatte ein strenges Gesicht, ihre dunkelblonden Haare waren durch eine Dauerwelle stark gekräuselt. Über ihrer hoch geschlossenen Bluse trug sie eine gestreifte Schürze.

Anna klopfte das Herz. „Ich möchte mich entschuldigen wegen gestern, wegen dem Pfirsich …", stotterte sie.

„Ja, den du gestohlen hast", ergänzte Fräulein Rüegger.

Anna merkte, dass sie rot wurde, aber nicht nur die Backen wie in Mutters Spruch wurden rot, die Röte ergoss sich über ihr ganzes Gesicht.

„Nun“, fuhr Fräulein Rüegger fort, „morgen ist Freitag, da putze ich abends immer den Laden. Diesen Freitag kannst du mir als Strafe dabei helfen.“

Plötzlich flog ein Lächeln über das strenge Gesicht der Filialleiterin. „Hat er dir wenigstens geschmeckt, der Pfirsich?“, fragte sie. Anna nickte.

In ihren späteren Lebensjahren hat Anna noch manchen Pfirsich gegessen, aber keiner hat ihr so gut geschmeckt wie der gestohlene an jenem schönen Sommertag.

Die genagelten Schuhe

Es war in den Kriegszeiten, im Monat Juni.

„Wir können es nicht vermeiden, Anna“, sagte die Mutter, „heute musst du mit den Bergschuhen in die Schule gehen. Deine Sandalen sind kaputt, ich muss sie zum Schuhmacher bringen, und neue Halbschuhe kann ich erst im Herbst für dich kaufen.“ Anna ging in die fünfte Klasse.

„Die hohen genagelten Schuhe?“, fragte sie.

„Es ist ja nur für einen Tag, das wird niemand merken“, meinte die Mutter.

Anna zweifelte an dieser Aussage, aber sie sagte nichts. Sie dachte an Elsbeth, ihre Banknachbarin in der Schule. Elsbeth hatte immer so feine Kleider an und wunderschöne Sandalen aus weißem Leder.

Sie zog also ihren alten, immer gleichen Sommerrock und die genagelten Schuhe an und machte sich auf den Schulweg. Aber sie ging langsam und machte einen Umweg, denn sie wollte ganz zuletzt in das Schulzimmer kommen und dann schnell in ihre Bank schlüpfen.

Als sie kurz vor acht Uhr die Tür zum Schulzimmer öffnete, saßen schon alle Schüler in ihren Bänken, aber Herr Schneider, der Lehrer, stand gerade vor ihr. Er musterte Anna von oben bis unten und sagte: „So, Anna, kommst du auch noch oder wolltest du z'Berg gehen mit deinen Schuhen?“ Alle Kinder lachten. Anna wurde feuerrot im Gesicht. Sie schämte sich.

Elsbeth aber hatte nicht gelacht. Als sich Anna neben sie setzte, sagte sie: „Mach dir nichts draus, die anderen sind alle doof.“

Nun kam die 10-Uhr-Pause. Die musste Anna noch durchstehen. Der Nachmittag war zum Glück schulfrei. Sie lief rasch auf den Schulplatz und stellte sich allein in eine Ecke. Ein paar Mädchen in ihrer Nähe tuschelten miteinander, schauten zu ihr hin und kicherten. Ruedi, ein Bub aus ihrer Klasse, rannte an ihr vorbei, lachte und rief: „Wollen wir zusammen aufs Matterhorn steigen?“

Da aber kam Elsbeth auf sie zu und redete mit ihr von der letzten Schulstunde. Sie komme bei den neuen Rechnungen nicht zurecht. „Anna, kannst du mir vielleicht helfen?“, fragte sie. Anna meinte, sie könnten die Rechnungsaufgaben nachher zusammen anschauen.

Sie dachte, dass sie und Elsbeth jetzt Freundinnen seien.

Als Anna von der Schule heimkam, stand die Mutter in der Küche und schälte Kartoffeln. Die kleinen Geschwister waren auch da und stritten um irgendetwas. „Nun“, fragte die Mutter, „hat man deine genagelten Schuhe bemerkt?“

„Nein“, antwortete Anna schnell, aber sie wurde wieder ganz rot dabei.

Da nahm sie die Mutter in die Arme und schenkte ihr den schönsten Apfel aus dem Korb, der auf dem Tisch stand.

„Heute Abend können wir deine Sandalen beim Schuhmacher wieder abholen“, sagte sie.

Die Fahrt mit Emil

Die alte Frau schaute sich nach dem Duschen im Spiegel an.

Nun ja, die Falten im Gesicht kamen wohl nicht nur vom Lachen, obwohl sie in ihrem Leben oft gelacht, aber halt auch geweint hatte. Und Spuren an ihrem Körper zeugten von einem langen, bewegten Leben. Es gab da Narben, und jede hatte ihre eigene Geschichte.

Sie lächelte. Die kleine Narbe an ihrer linken Wange erinnerte sie an ihre Jugendzeit. Als sie das erste Mal verliebt war und diese Liebe so ganz anders endete, als sie gemeint hatte.

Die alte Frau schlüpfte in ihren weichen Morgenmantel, machte sich in der Küche einen Kaffee und setzte sich in ihren bequemen Stuhl. Die Zeitung mit den Neuigkeiten lag neben ihr. Vorerst stand ihr aber der Sinn nicht nach Neuigkeiten, sie schloss die Augen und ließ ihre Gedanken weit zurückschweifen. Sie sah sich als 14-jähriges Mädchen.

Anna konnte vieles, aber eines konnte sie nicht: Velo fahren. Als ihr Bruder Peter sie lange genug wegen dieses Mankos geneckt hatte, beschloss sie, es in Gottes Namen doch noch zu lernen. Sie holte das alte Velo ihrer Mutter aus dem Keller und übte mit Peter auf der ruhigen Straße vor dem Haus. Er zeigte ihr, wie man schaltete, wie man bremste und wie man das Gleichgewicht behielt. Aber als sie es leidlich konnte, kam der Winter und der erste Schnee. Flugs stellte sie das Fahrrad wieder in den Keller, da konnte es getrost bis zum Frühling bleiben.

Die alte Frau lächelte. Sie sah sich wieder, und diesmal auf dem Dolder Eisfeld.

Denn Schlittschuh laufen konnte Anna. Und meistens war ihre Freundin Ursi dabei. An freien Schulnachmittagen tummelten sich die beiden Mädchen auf dem Eis.

An einem Samstag konnte Ursi nicht kommen, da drehte Anna allein ihre Runden.

Nach einiger Zeit merkte sie, dass ein Junge ein paarmal ihre Bahn kreuzte und dann neben ihr herlief. „Kann ich ein wenig mit dir laufen?“, fragte er, „ich heiße Emil.“

Anna schaute den Jungen an. Er war hübsch, mittelgroß und hatte gewellte braune Haare. Und wie er sich höflich ausdrückt!, dachte Anna. Die anderen Jungen, die sie und Ursi jeweils auf dem Dolder kennenlernten, riefen: „Hallo, kommt ihr einen Punsch trinken?“

Dieser Junge war anders. Wahrscheinlich auch etwas älter als die anderen. Er erzählte ihr während des Laufens, dass er 16 Jahre alt sei und ins Gymi gehe. „Darf ich dich zu einem Punsch einladen?“, fragte er später.

Das durfte er. Anna fühlte sich geschmeichelt, dass sich dieser Gymnasiast für sie interessierte. An diesem Abend konnte Anna lange nicht einschlafen. Emil hatte vorgeschlagen, dass sie sich wieder treffen sollten, und sie hatten einen Termin vereinbart. Bin ich wohl in diesen Jungen verliebt? Bin ich vielleicht nur stolz auf seine Werbung? Ihr Herz klopfte laut.

Anna und Emil „gingen miteinander“. Das heißt, sie machten Spaziergänge am See, wanderten auf den Üetliberg, fuhren wieder Schlittschuh zusammen. Gesprächsstoff hatten sie genug. Beide interessierten sich für Literatur. Sie redeten über David Copperfield, über die Buddenbrooks und besonders über Hermann Hesse. Manchmal hielten sie sich an der Hand. Zu mehr kam es nicht. Sie kannten die Liebe aus den Büchern, im realen Leben sah es anders aus. Beide waren schüchtern und unerfahren.

Als es Frühling wurde, erzählte Emil, dass ihn seine Tante, die in Bremgarten wohne, zu ihrem Geburtstag eingeladen hätte. Er habe im Sinn, eine Fahrradtour zu ihr zu machen. „Kommst du mit, Anna?“, fragte er.

„Mit dem Ve-Velo?“, stotterte sie.

„Ja, natürlich“, lachte er.

„Ich kann aber nicht gut fahren“, sagte Anna.

„Das ist kein Problem“, meinte er, „du fährst einfach immer hinter mir her.“

Ja, wenn das so einfach wäre, dachte Anna, sie wollte aber Emil nicht eingestehen, dass sie erst ein wenig auf dem Velo geübt hatte. Nun, es dauerte noch zwei Wochen bis zu diesem Ausflug, also stieg sie in den Keller hinunter, zog ihr Vehikel hervor und sagte: „Der Winterschlaf ist vorbei, jetzt wird gearbeitet."

Der verhängnisvolle Samstag kam. Emil kam sie pünktlich um 10 Uhr abholen. Die Mutter rief: „Passt gut auf", und los ging es. Emil voran, Anna hinterher. Er lotste sie durch die Stadt und immer weiter, er kannte den Weg. Anna fuhr zuerst zögerlich, angstvoll. Emil musste ein paarmal auf sie warten, dann ging es immer besser, bis sie zum Mutschellen kamen. Als Anna müde wurde und es bergauf ging, stiegen sie ab und schoben ihre Fahrräder. Sie langten auf dem Mutschellen an. „Jetzt geht es bergab", sagte Emil. „Es kommen ein paar Kurven, du musst einfach bremsen."

Ja, das tat Anna, bei der ersten, bei der zweiten Kurve, beim dritten steilen Rank war sie überfordert, sie ließ das Rad einfach laufen – und prallte in eine Eisenstange am Wegrand. Dann wurde es dunkel, und Anna wusste nichts mehr …

Es schauderte der alten Frau bei dieser Erinnerung.

„Dieses Mädchen wird ihr ganzes Leben lang im Gesicht verunstaltet bleiben!"

Wie durch einen Nebel hörte Anna die Frauenstimme, die diese Worte, die ihr galten, aussprach. Sie befand sich auf einem fremden Sofa in einer fremden Stube. Menschen standen um sie herum, Emil war da, bleich im Gesicht, eine Frau und ein Mann. Alles, was jetzt und nachher geschah, erlebte Anna wie in einem Traum. Sie hatte schreckliche Kopfschmerzen, die ganze linke Gesichtshälfte brannte, jemand legte ein Pflaster auf ihre Wange, dann wurde sie in ein Auto gesetzt. Sie sah sich in einem Spital und hörte einen freundlichen Arzt sagen: „Dieser Riss an der Wange muss genäht werden, aber du hast Glück gehabt, das Auge ist nicht verletzt, die Schwellung und Verfärbung wird vergehen." Der Doktor sagte noch etwas von einer Gehirnerschütterung, sie bekam Schmerztabletten, sie merkte, wie die Wunde genäht wurde, wie sie dann auf einem Bett lag und Emil neben ihr saß.

Sie sah sich mit Emil im Bus und im Tram heimfahren, sie sah die erschrockenen Gesichter ihrer Eltern.

Anna erholte sich. Nach ein paar Tagen ging sie wieder zur Schule. Ihr Gesicht sah immer noch schlimm aus, und sie musste peinliche Fragen über den Unfall über sich ergehen lassen. Nach ein paar Wochen aber war sie wieder das hübsche Mädchen von früher. Nur eine kleine Narbe an der Wange blieb zurück.

Und wie ging es mit Emil weiter? Sie machten wieder Spaziergänge, aber es war nicht mehr so wie vorher. Anna hatte ihre Unbefangenheit gegenüber Emil verloren. Seine Bemerkung „Warum hast du mir nicht gesagt, dass du nicht Velo fahren kannst“ tat ihr weh. Es war da etwas in ihrem Inneren, über das sie noch nachdenken musste. Das Etwas fühlte sich an wie Scham und Demütigung.

Emil schien auch nicht mehr so viel Freude an ihren Begegnungen zu haben.

Als er sich eines Tages nicht mehr meldete, war Anna traurig, aber auch irgendwie erleichtert.

Die alte Frau strich mit ihrer Hand über die kleine Narbe. Sie lächelte. Was wohl aus Emil geworden war? Sicher ist er jetzt auch ein alter Mann.

Die graue Maus

Das Elektrogeschäft von Annas Vater befand sich im Nobelviertel der Stadt.

Anna half manchmal im Büro und Laden des Geschäftes aus. Sie stand hinter dem Ladentisch und bediente Frau Dr. Bracher, eine Dame von Welt. Diese hatte einige Kerzen-Glühlampen für ihre Kristallleuchter gekauft. Nun erzählte sie Anna, braun gebrannt und glänzend aussehend, von den Ferien, die sie mit ihrem Mann auf Mauritius verbracht hatte. „Sonne, weißer Strand, blaues Meer, wunderbares Dolce far niente, schauen Sie, ich bin überall ganz braun!“, rief sie aus. Sie öffnete ihre Bluse … Nun fange hier das gesellschaftliche Leben wieder an. Heute Abend habe sie Gäste, gerade komme es ihr in den Sinn, dass ihre elektrische Tischglocke nicht mehr funktioniere, ob wir einen Monteur vorbeischicken könnten, sie habe dann noch einige andere Dinge zu reparieren. Die Tischglocke sei eben praktisch, so könne sie beim Dinner zwischen den Gängen dem Mädchen läuten. Sie liebe eben einen gewissen Stil. So serviere ihr Mädchen im schwarzen Kleid mit weißer Spitzenschürze.

Warum erzählt sie mir das alles?, dachte Anna. Das ist ja absolut nicht meine Welt.

Nun musste Frau Dr. Bracher aber pressieren, sie hatte ja noch Bestellungen bei Bianchi und Marinello aufzugeben. Sie verabschiedete sich rasch und stieß bei der Ladentür fast mit einer neuen Kundin zusammen. „Pardon“, sagte sie und stolzierte auf ihren hohen Stöckelschuhen davon.

Die neue Kundin war von ganz anderem Format. Da kommt die graue Maus!, dachte Anna.

Die graue Maus hatte einen Namen, sie hieß Fräulein Hablützel, und an ihr war ganz und gar nichts Auffallendes zu sehen. Klein und dünn war sie, das graue, schüttere Haar war zu einem Knoten am Hinterkopf aufgesteckt. Was sie anhatte, wusste man eigentlich nicht. Irgend so einen langen Rock und eine Bluse, flache Schuhe, alles von undefinierbarer Farbe.

„Guten Tag, Fräulein Hablützel", sagte Anna. „Wie geht es Ihnen?"

„Soweit gut", antwortete diese. „Nur mein Freund spricht nicht mehr zu mir."

„Ihr Freund?", fragte Anna.

Fräulein Hablützel packte einen kleinen Radioapparat aus ihrer Tasche. „Das ist mein Freund, er ist verstummt und braucht neue Batterien", meinte sie.

Anna nahm die passenden Batterien aus dem Gestell, entfernte die alten aus dem Radio und setzte die neuen ein. „Nehmen Sie doch ein wenig Platz", ermunterte sie das ältere Fräulein. Im Laden hatte es nämlich einen kleinen Tisch und zwei Stühle. Es gab gelegentlich Kunden oder Kundinnen, die gerne mit Anna plauderten. Fräulein Hablützel gehörte zu ihnen.

Sie wusste, dass Fräulein Hablützel in einer kleinen Einzimmerwohnung lebte.

Ihr Leben lang hatte sie immer pflichtbewusst gearbeitet. Jetzt war sie pensioniert. Als sie jung war, hatte sie als Zimmermädchen in guten Hotels in Davos und St. Moritz gearbeitet. Sie wanderte damals viel in ihrer Freizeit, allein, und freute sich an der wunderschönen Bergwelt. Nach einiger Zeit kehrte sie in die Stadt zurück und fand Arbeit im Kinderspital. Dreißig Jahre lang war sie in der Wäscherei beschäftigt gewesen, immer unauffällig und zuverlässig.

„Jetzt habe ich eine neue Beschäftigung", erzählte sie Anna, „eine Freiwilligenarbeit." Als sie pensioniert wurde, fragte sie ihr Chef, ob sie Lust hätte, kranke Kinder, die wenig Kontakt zu Angehörigen hätten, zu besuchen. Fräulein Hablützel dachte nach: Kinder? Ja, Kinder liebte sie. Sie hatte ja keine eigenen, nie war sie in ihrem Leben einem Mann begegnet, der sich ernsthaft für sie interessiert hätte. Und jetzt sollte sie an Betten von kleinen Patienten sitzen und sich mit ihnen abgeben. Sie wollte es versuchen. Und sie erzählte Anna vom kleinen, krebskranken, kahlköpfigen Stefan, der eine Chemotherapie hinter sich hatte. Anna schaute Fräulein Hablützel zum ersten Mal richtig an und sah, dass sie gütige, braune Augen hatte. Das Fräulein erzählte, dass sie Stefan zuerst wütend erlebt habe. Er hatte ein kleines Spielzeugauto in der Hand und schmiss es vom Bett aus auf den Boden. „Ich will nicht spielen!“, rief er, „ich will nach Hause.“

Fräulein Hablützel hatte vorher zu Hause nach alten Kinderbüchern aus ihrer Kindheit gesucht und „Max und Moritz“, „Struwwelpeter“ und Märchenbücher gefunden.

„Schau mal“, sagt sie zu Stefan. „Was für Streiche Max und Moritz machen.“ Und wirklich, diese Lausbuben interessierten Stefan. Als sie sich nach einer Stunde von Stefan verabschiedete, fragte dieser: „Wann kommst du wieder?“

Und so besuche sie nun Stefan, Sylvia und andere Kinder, und noch nie in ihrem Leben habe sie so viel Betroffenheit und auch Freude erlebt. Ein leises Lächeln huschte über das unscheinbare Gesicht von Fräulein Hablützel.

Nach dem Besuch dieser zwei so verschiedenen Kundinnen setzte sich Anna an ihre Schreibmaschine. Sie hatte ja noch Rechnungen zu schreiben.

Zuerst aber dachte sie an diese zwei Frauen. An die Weltdame, die Anna beneidet hatte, die aber wohl etwas gewöhnlich war.

Und an die andere, und in Gedanken an diese andere Frau kam ein warmes Gefühl in Anna auf. Nein, eine graue Maus war diese Frau nicht, definitiv nicht!

Das wahre Glück

Susanne war am Räumen, denn in einem Monat würden Thomas und sie aus der großen Stadtwohnung in eine kleinere Wohnung aufs Land ins „Grüne“ ziehen. Philipp und Michael, ihre zwei Buben, waren erwachsen geworden und kürzlich mit Kollegen in eine WG gezogen.

Jetzt saß sie auf ihrem Bettrand und hielt ein Bündel Briefe in der Hand. Es waren Briefe, die seit eh und je in ihrer Nachttischschublade lagen. Sie waren aus ihrer Jugendzeit, Freundschaftsbriefe. Erste Liebesbriefe, Briefe von Bekanntschaften aus jenen Ferien mit Irma in der Jugendherberge im Tessin, als sie beide 18 Jahre alt gewesen waren. Die Briefe trugen Stempel von Wien, London und New York. Und ein Brief war dabei, ohne Stempel, jener von Hans. Susanne hatte diese Briefe eigentlich vergessen. Vielleicht war es ja gut, dass Thomas sie nie entdeckt hatte.

Susanne überlegte: Was soll ich nun mit diesen Briefen machen? Zügeln will ich sie auf keinen Fall. Also in den Abfallkübel damit! Und doch …

Nächste Woche musste Thomas für drei Tage zu einer Weiterbildung nach München reisen. Sie könnte in dieser Zeit in das kleine Rustico im Maggiatal fahren, das ihnen gehörte. Mit diesen Briefen. Allein. Sie in Ruhe nochmals lesen und sich an ihre Jugendzeit erinnern.

An einem sonnigen Frühlingmorgen fuhren sie los, Thomas mit dem Zug nach München, Susanne in ihrem kleinen Auto ins Tessin.

Als sie ihr Haus im Maggiatal erreichte, überkam sie ein Glücksgefühl. Das Rustico war aus Natursteinen gebaut und hatte ein graues Schieferdach. Der Magnolienbaum davor stand in voller Blüte. Nun hatte sie die Oase in dieser wild romantischen Gegend zwei volle Tage für sich allein. Sie öffnete die Tür und stieß alle Fensterläden auf. Während der Wintermonate hatte das Haus leer gestanden, aber es war alles in Ordnung. Es waren keine unliebsamen Besucher, Mäuse oder andere Nager, da gewesen. Vor dem Cheminée lagen Holzscheite, Anfeuerholz und kleine Anzündbürdeli bereit.

Vorerst aber holte sie Gartentisch und Stuhl auf den Sitzplatz vor dem Haus.

Dann ging sie in die Küche und kochte Spaghetti. Sie bereitete die Tomatensauce mit frischen Tomaten, Zwiebeln, Knoblauch und Oregano zu. Dazu rieb sie ein Stück Parmesankäse. Während die Sauce köchelte und das Wasser mit den Spaghetti sprudelte, öffnete sie eine Flasche Wein. Als das Essen fertig war, trug sie es auf den Tisch vor dem Haus. Sie ließ es sich schmecken und schaute dabei auf die Maggia, die weiter unten vorbeifloss. Das Wasser musste sich seinen Weg zwischen Geröll, großen und kleinen Steinbrocken und Holzstücken bahnen. Lange schaute Susanne auf den Fluss. War die Maggia nicht wie das Leben? Manchmal ruhig, manchmal wild. Und was im Leben nicht immer so einfach war – sie schaffte es, Hindernisse mühelos zu überwinden.

Der Abend kam. Susanne machte Feuer im Cheminée, das Holz knisterte, es wurde wohlig warm. Sie setzte sich in den bequemen Sessel davor, neben sich den kleinen Tisch. Darauf standen eine Flasche Merlot nebst einem halb voll mit Wein gefüllten runden Glas. Daneben lagen die Briefe.

Susanne legte von Zeit zu Zeit ein neues Scheit ins prasselnde Feuer und trank einen Schluck Wein. Sie fing mit dem Lesen an. Manchmal musste sie schmunzeln, manchmal war sie gerührt. Mit dem Brief von Hans wartete sie noch.

Ihre Gedanken schweiften weit zurück: Sie sah sich und Hans, als beide zusammen in die 3. Sekundarklasse gingen. Hans war ein ausgesprochener Mädchenschwarm. Er war ziemlich groß und hatte schöne gewellte braune Haare. Seine Augen waren blau und hatten, je nachdem, mit welcher Mitschülerin er sprach, einen schelmischen oder einen ironischen Ausdruck. Eines war klar: Alle Mädchen fanden ihn toll und versuchten, in sein Blickfeld zu gelangen. Auch Susanne war verliebt in ihn. Aber sie ließ es sich nicht anmerken. Für sie waren die Mädchen, die so offen für ihn schwärmten, alles dumme Gänse. Sie versuchte, ihn auf andere Weise auf sich aufmerksam zu machen. Sie wollte die Beste in der Klasse sein. Susanne lächelte: Was für eine Streberin war ich damals! Aber es machte Eindruck auf Hans. Er sprach sie oft an, wollte die Aufgaben mit ihr vergleichen oder fragte sie um ihre Meinung. Susanne aber war immer kühl zu ihm, es kam nie zu einer Annäherung. Sie war ihm gegenüber zugleich stolz und schüchtern.

Dann hatte Susanne an anderes zu denken. Sie machte die Aufnahmeprüfung für die Handelsschule und bestand sie. Nach der Sekundarschule verlor sie Hans aus den Augen. Auch er hatte eine Aufnahmeprüfung bestanden, nämlich die fürs Gymnasium.

Für Susanne begann eine neue Zeit und eine neue Herausforderung. In der Handelsschule hatte sie plötzlich mehrere Lehrer. Einige mochte sie, andere weniger. Sie befreundete sich mit Irma, die in der Schule neben ihr saß. Mit ihr konnte sie Gedanken austauschen, mit ihr konnte sie ernst, aber auch lustig sein. Nach drei Jahren bekam Susanne ihr Handelsdiplom. Da war sie neunzehn Jahre alt.

Im Juli, auf der Diplomreise, lernte sie Thomas kennen. Das kam so: Sie befand sich mit ihrer Klasse in einer Jugendherberge im Engadin. Da trafen sie auch ein paar Jungen, darunter Thomas, die sich auf einer Radtour befanden und in der Jugendherberge übernachteten. Am Abend jassten die Mädchen und Jungen zusammen. Dabei fiel Susanne ein Junge mit braunen Augen auf, die so schelmisch blicken konnten, wenn ihm ein guter Zug gelang. Susanne und Thomas waren beim „Schieber“ Partner und verliebten sich dabei ineinander. Dass es eine Liebe fürs Leben wurde, wussten sie beide noch nicht. Damals hatte auch Thomas einen Abschluss hinter sich. Er hatte die Hochschule für

Maschinenbau beendet und wollte anschließend drei Monate in England verbringen, um seine englische Sprache zu verbessern.

Aber was war nun mit Hans?

Susanne war tief in Gedanken versunken. Das alles war vor vielen Jahren geschehen. Jetzt saß sie vor ihrem Cheminée im Maggiatal. Fast schon war das Feuer ausgegangen. Es glühte nur noch. Sie nahm ein neues Scheit, legte es aufs Feuer, es flammte wieder auf.

Damals, im August, nachdem sie Thomas kennengelernt hatte, fand in der Stadt ein großes See-Nachts-Fest statt. Und ausgerechnet da konnte Thomas nicht dabei sein. Zwei Tage zuvor war der Termin, da er nach England reisen musste. Sie versprachen einander, jede Woche zu schreiben. „Gehst du zum Fest?", fragte Thomas und schaute sie mit seinen warmen braunen Augen an.

„Wahrscheinlich werde ich mit Irma gehen", meinte sie. Darauf sagte Thomas nichts.

Es war ein warmer Sommerabend, wie geschaffen für dieses Fest. Susanne und Irma schlenderten in einer großen Menschenmenge am See entlang. Ebenso viele Menschen kamen ihnen entgegen. Es hatte viele Buden und Stände. Musikbands spielten auf Plätzen, Menschen tanzten. Liebespaare hielten sich umschlungen.

Jungs lugten nach Mädchen aus und umgekehrt. Ältere Leute schauten dem Treiben vergnügt zu. Alle warteten auf das große Feuerwerk.

Da kamen ihnen zwei Jungen entgegen. Susanne stockte das Herz, einer davon war Hans. Er blieb stehen. „Susanne!", rief er und lächelte sie mit diesem Lächeln an, in das sie einst verliebt gewesen war. „Welch ein Zufall!" Er stellte den Mädchen seinen Kollegen Paul vor. „Dürfen wir ein wenig mit euch gehen?", fragte er.

„Warum nicht?", meinte Susanne. Irma war auch einverstanden. Sie erzahlten einander Schulgeschichten, die Mädchen von der Handelsschule, Hans und Paul vom Gymnasium, das sie beide besuchten. Nach einer Weile gingen Hans und Susanne etwas voraus. „Hast du einen Freund?“, fragte Hans.

„Ja“, sagte Susanne etwas zögernd. „Ich kenne Thomas seit einem Monat, aber er ist jetzt in England.“

„Schade“, sagte Hans. Meint er nun, dass ich einen Freund habe oder dass der Freund in England ist?, dachte Susanne.

Da kamen sie an einem Stand vorbei, vom dem es wunderbar nach gegrillten Bratwürsten roch. Nun war Hans wieder der alte. „Wer will eine Bratwurst?“, rief er, und schon bahnte er sich einen Weg zum Stand, bestellte 4-mal Bratwurst und Semmel, dazu Bier. Sie machten es sich auf einer Wiese am See gemütlich, aßen und tranken Bier und wurden immer lustiger. Hans übernahm die Führung. „Jetzt gehen wir aufs Riesenrad“, sagte er. Als Susanne nahe bei Hans in einer Schaukel des Riesenrads saß und weit über die Stadt blickte, war sie fast glücklich. Nur fast, denn sie dachte dabei an Thomas.

Als es dunkel wurde, begann das prächtige Feuerwerk. Zuerst einfache, dann immer schönere Garben. Eine nach der anderen schossen zum nachtblauen Himmel empor, an dem die ersten Sterne blinkten.

Nach zwanzig Minuten war der wunderbare Zauber vorbei. „Jetzt sollte ich mich langsam auf den Heimweg machen“, sagte Susanne. „Ich habe den Eltern versprochen, um 11 Uhr zu Hause zu sein.“

„Ich werde dich begleiten“, meinte Hans. Irma und Paul hatten, wie es schien, gar nichts dagegen, den weiteren Abend allein miteinander zu verbringen. Vergnügt nahmen sie von Susanne und Hans Abschied.

Hans war zuerst eine Zeit lang still, dann erzählte er Susanne, dass er seit ihrer gemeinsamen Schulzeit zweimal ein Mädchen kennengelernt hätte. „Aber es war nie die Richtige, ich habe oft an dich gedacht, Susanne. Du warst so anders als die Mädchen in der Schule, mit denen ich herumgeschäkert habe. Du benahmst dich mir gegenüber immer sachlich, wenn wir zusammen Aufgaben besprachen, aber dann sah ich manchmal ein Aufleuchten in deinen Augen und dachte, dass du mich doch ein wenig lieb hättest.“

Susanne lachte: „Ach Hans, das sind alte Geschichten.“ Sie kamen an einer kleinen Allee vorbei. „Komm“, sagte Hans und zog Susanne auf eine Bank. Er legte den Arm um sie. Und da spürte sie wieder die Anziehungskraft, die Hans auf sie ausübte. Er küsste sie – zuerst sanft, dann leidenschaftlicher. „Ich liebe dich, Susanne“, flüsterte er.

Sie fühlte sich wie in einem Traum. Als er versuchte, ihre Bluse zu öffnen, erwachte sie plötzlich. Sie sah das Bild von Thomas vor sich, Thomas, der so ehrlich und aufrichtig war, und sie dachte daran, wie sie zusammen schon eine gemeinsame Zukunft geplant hatten. Sie löste sich abrupt von Hans und stand auf. „Ich muss nach Hause“, sagte sie.

Hans merkte, dass sie ihm entglitten war. Er versuchte nicht, sie zurückzuhalten. Während er sie begleitete, sprachen sie fast kein Wort. Als sie an ihrem Gartentor angekommen waren, gab Hans Susanne die Hand und ging mit schnellen Schritten davon. Susanne sah ihm lange nach. Es sollte viele Jahre dauern, bis Susanne und Hans sich wieder trafen.

Und jetzt saß sie, die fünfundvierzigjährige Frau, vor ihrem Cheminée, schaute ins Feuer und dachte über ihr Leben nach. War sie eigentlich glücklich?

Damals, als Thomas in England war, schrieben und telefonierten sie sich oft, und als er nach drei Monaten zurückkehrte, waren sie beide glücklich. Sie fand eine Stelle bei einem Rechtsanwalt. Thomas trat als Maschineningenieur in eine kleine Firma ein. Nun stand einem gemeinsamen Leben nichts mehr im Weg. Nach drei Jahren heirateten sie und zogen in eine Stadtwohnung. Beide verdienten gut. Sie kauften sich ihr erstes Auto. Mit Freunden machten sie in den Ferien Reisen in den Süden und Norden. Und da dachte Susanne: Jetzt bin ich glücklich.

Aber für sie sollte das Glück noch vollkommener werden. Philipp und Michael kamen auf die Welt. Nun sind wir eine richtige

Familie, dachte sie. Sah das Thomas auch so? Gewiss, er liebte seine Buben, aber oft störten sie ihn auch. Er war kein Familienmensch. Wenn die Kinder lärmten, zog er sich in sein Arbeitszimmer zurück und tüftelte an einem technischen Problem herum. Die Erziehung der Knaben überließ er seiner Frau. Da kam es nun öfter zum Streit. „Eine Familie besteht aus Vater, Mutter und Kindern, falls du das noch nicht wissen solltest!", schrie ihn Susanne an. „Ich bin ja der Vater und bin da", sagte Thomas.

„Aber meistens unsichtbar!", rief Susanne.

Da gab sich Thomas wieder etwas Mühe, setzte sich zu den Buben, machte mit ihnen Schulaufgaben, lobte oder rügte ihre Schulzeugnisse, machte hier und da einen Ausflug mit der Familie. Damit fand er, habe er seine Pflicht getan und verschanzte sich wieder in seine Welt. Seine Frau machte ja alles bestens, dachte er.

Ein Freund von Thomas hatte im Maggiatal ein kleines Haus, das er verkaufen wollte. „Wäre das nicht etwas für euch?", fragte er. „Die Kinder könnten in der Maggia spielen und man kann dort schöne Wanderungen machen." Also fuhren sie an einem Sonntag zusammen ins Tessin, und allen gefiel das Rustico auf Anhieb sehr gut. Philipp und Michael sprangen ins Wasser und die Eltern machten Pläne, wie sie das Haus einrichten wollten.

Als das Haus ihnen gehörte, fuhren sie oft in ihr kleines Paradies, und da machte es Susanne viel weniger aus, wenn Thomas sich in sein kleines Arbeitszimmer zurückzog und wieder über seinen Plänen saß. Nur trank er dabei so viel. Oft war die Flasche Wein leer, wenn er zu Bett ging. Ob er ein Trinker wurde?

Als Philipp und Michael zehn und zwölf Jahre alt geworden waren, wollte Susanne wieder ein wenig in ihrem Beruf arbeiten. Sie fragte bei ihrem alten Chef an, und da gerade eine Teilzeitstelle frei wurde, freute er sich, dass Susanne zwei Tage in der Woche bei ihm arbeiten wollte. Es dauerte nicht lange, da war sie wieder eingearbeitet. Sie saß im Vorzimmer des Anwalts, empfing Kunden und schrieb Briefe und Verträge.

An einem Montagvormittag im Sommer saß sie an ihrem Computer, sie war am Aufsetzen eines Mietvertrages, da klopfte es. „Herein“, rief sie. Als die Tür aufging, machte sie noch ihren Satz fertig, schaute auf und – traute ihren Augen nicht. Der, der hereinkam, war Hans. Er war etwas älter geworden, aber als er „Susanne, welche Überraschung!“, ausrief, war sein Lächeln noch so charmant wie früher. „Ich habe bei Dr. Lehner einen Termin wegen einer Erbschaftssache. Aber nachher müssen wir unser Wiedersehen feiern, nicht wahr, Susanne.“

Sie lächelte. Als Hans nach einer Stunde wieder aus dem Zimmer des Anwalts herauskam, fragte er, ob er nach Arbeitsschluss auf sie warten dürfe.

Er hatte sein Auto gegenüber dem Anwaltsbüro geparkt. Es war ein Cabriolet, ein Porsche. Sie saßen zusammen im kleinen Café um die Ecke. Hans erzählte, dass er Banker geworden sei. Er sei Single. Er sei zwar verheiratet gewesen, jetzt aber geschieden. „Es war nicht die Richtige, Susanne. Ich habe immer an dich gedacht.“

Sie lachte. „Das hast du mir schon einmal gesagt, weißt du noch, Hans? An jenem See-Nachts-Fest.“

„Ja“, sagte Hans, „und ich weiß auch noch, wie verzweifelt ich war, als ich dich nicht bekam.“ Er schaute sie voller Verlangen an: „Könnte es jetzt noch Wirklichkeit werden, dass wir zusammenkommen?“

„Nein, Hans“, sagte Susanne. „Ich habe ja einen Mann und zwei Kinder. Es ist darum besser, wenn wir uns nicht wiedersehen. Aber ein kleines Plätzchen in meinem Herzen werde ich immer für dich behalten.“

Ein paar Tage später lag auf ihrem Pult im Anwaltsbüro ein geschlossener Briefumschlag, auf dem ihr Name stand. Das geschah vor zehn Jahren.

Im kleinen Rustico war es dunkel geworden, nur die große rote Kerze auf dem Tisch brannte. Susanne zündete die Petrol-

Hängelampe an und legte ein neues Scheit aufs Feuer. Dann öffnete sie den Brief, er war nur kurz und lautete:

Liebe Susanne,
ich konnte meine Gefühle für dich an jenem Abend nicht richtig ausdrücken.
Aber ich weiß jetzt, dass ich mein zukünftiges Leben mit keiner anderen Frau so gerne wie mit dir teilen würde.
Mein Versprechen, dich nicht wiederzusehen, werde ich halten. Du sollst aber wissen, dass ich dich nie vergessen kann.
In Liebe Hans

Susanne dachte lange über das Glück nach. Hans war glänzend und charmant und konnte Menschen im Nu für sich einnehmen. Dennoch war sein Leben unstet. Ob ich mit ihm glücklich geworden wäre? Oder sind Thomas und die Kinder mein wahres, wenn auch nicht ganz unbeschwertes Glück?

Susanne nahm das Bündel Briefe und legte einen nach dem anderen aufs Feuer, den von Hans zuletzt. Das Feuer flammte auf und sie schaute zu, wie langsam alles zu Asche wurde.

Das Telefon läutete. Es war Thomas, der aus München anrief. Er wollte wissen, ob Susanne gut im Tessin angekommen sei. Da stieg ein warmes Gefühl für ihren Mann in ihr auf.

Kaum hatte sie aufgelegt, da läutete das Telefon wieder. Diesmal war es Philipp. Er fragte, ob das Rustico am nächsten Wochenende frei sei. Er würde gerne mit Michael und zwei Kollegen ins Maggiatal kommen.

Ja, kommt nur, sagte Susanne, dieses Haus soll eine Oase für die ganze Familie und ihre Freunde sein. Und da wusste Susanne: Das wahre Glück war ihre Familie.

Die Gymnasiastin

Es war halb fünf Uhr nachmittags.

Lisa nahm ihren Schlüssel aus dem kleinen roten Etui und schloss ihren Spind in der Garderobe des Gymnasiums auf. Sie nahm drei Schulbücher heraus, die sie für die Aufgaben zu Hause brauchte, und legte ihr Tagebuch, in das sie über Mittag geschrieben hatte, hinein. Dann schloss sie ihren Spind wieder zu.

Sie schätzte diesen Ablagekasten, den man verschließen konnte, sehr. Es war der einzige Platz in Lisas Welt, zu dem niemand außer ihr Zugriff hatte. Zu Hause, so schien es ihr, gehörte alles einfach allen. Vielleicht aber musste sie den Schlüssel zu ihrem Spind schon bald wieder abgeben.

Angefangen hatte es in der sechsten Klasse der Primarschule. Lisa war eine mittelmäßige Schülerin, aber sie schrieb die besten Aufsätze der Klasse.

Und das zählte bei Lehrer Weber. „Lesen und Schreiben bildet“, war sein täglicher Leitsatz. „Und“, sagte er zu Lisa, „die Tür zum Gymnasium steht dir durchaus offen. Ich rate dir, dich für die Aufnahmeprüfung anzumelden.“

Lisas Eltern waren skeptisch. Sie führten in einem kleinen Weiler weit oben im Land einen mittleren Bauernhof. Die Mutter hatte wegen des langen und komplizierten Schulweges Bedenken, der Vater befürchtete die Kosten.

Aber Lisa wollte Kantonsschülerin werden. Sie büffelte Mathematik und Französisch und nahm an der Aufnahmeprüfung teil. Und sie bestand sie, zwar knapp, aber sie erreichte den notwendigen Durchschnitt. Eine große Freude kam über sie.

Lisa besuchte seit 6 Wochen das Gymnasium in der Stadt. Sie befand sich mitten in der Probezeit – und die Freude war nicht mehr da. Sie war einer großen Belastung gewichen. Hier war alles anders. Es gab viele Schulfächer und fast für jedes Fach einen Lehrer oder eine Lehrerin. Jeden Tag gab es Prüfungen. Zu ihren Mitschülern hatte sie noch keinen richtigen Kontakt gefunden. „Es sind alles Streber, die einander übertreffen wollen", sagte sie zu ihrer Freundin Silvia aus der Primarschule. Sie sehnte sich nach Herrn Weber, dem Lehrer, der sie so gut verstanden hatte.

Lisa legte den Rucksack an und machte sich auf den Heimweg. Sie musste ihn allein gehen, denn niemand aus ihrer Klasse wohnte so weit weg. Zehn Minuten brauchte sie zu Fuß bis zum Bahnhof. Der Zug stand schon da, sie stieg ein und fuhr bis zur größeren Ortschaft. Von da ging es mit dem Bus weiter. Endlich kam er und brachte sie zum Dorf. Dort hatte Lisa ihr Velo abgestellt. Sie stieg auf und machte sich auf das letzte Stück ihres Heimwegs. Es war mühsam, immer steiler ging es bergauf, bis sie schließlich zu Hause im kleinen Weiler anlangte. Es war halb sieben Uhr. Die Familie hatte schon zu Abend gegessen, denn der Vater war um diese Zeit im Stall, um die Kühe zu melken. Die Mutter stellte ihr das aufgewärmte Essen hin, aber Lisa hatte keinen Hunger, überhaupt hatte sie nie mehr so richtig Appetit. Sie musste an ihre Mathematikaufgaben denken. Als sie in ihr Zimmer kam, sah sie, dass Mona, ihre jüngere Schwester, da gewesen war. Die Schublade ihres Pultes stand weit offen. Auf dem Pult lagen Monas Schulhefte und ihr Lieblingsheft „Bravo". Sicher hatte sie bei ihr nach etwas gesucht, nach einem Radiergummi oder einer Schere, und hatte ihre Sachen einfach hier liegen lassen. Wütend schloss Lisa die Schublade und warf Monas Hefte auf den Boden. Sie musste sich jetzt mit Mathematik für die Prüfung am nächsten Tag beschäftigen. Lisa seufzte. Sie konnte die Aufgaben nicht lösen, und niemand aus der Familie konnte ihr dabei helfen. An diesem Abend schlief sie lange nicht ein. Schon vorher hatte sie manche Nächte lange wach gelegen. Ihre bisherigen Noten in der Probezeit waren ungenügend. Wie sollte das weitergehen? Als Lisa am nächsten Morgen wie üblich um fünf Uhr in die Küche kam, sagte die Mutter zu ihr: „Du bist bleich und dünn geworden, Lisa, ich mache mir Sorgen um dich." Einige Tage später sagte der Vater: „So kann das nicht weitergehen. Ich werde mit deinem Klassenlehrer sprechen."

Es wurde ein Termin mit dem Lehrer vereinbart. Die Eltern und der Lehrer kamen dabei zum Schluss, dass Lisa überfordert sei. Zweimal täglich musste sie einen langen Schulweg bewältigen, und bei den Schulaufgaben konnte ihr niemand helfen. Das Gymnasium sei noch zu früh für sie, meinte der Klassenlehrer. Er könnte sich aber gut vorstellen, dass Lisa es nach zwei Jahren Sekundarschule nochmals versuchen könne, denn sie sei nicht unbegabt.

Als die Eltern Lisa diesen Bescheid mitteilten, war sie zuerst enttäuscht und schämte sich für ihr Versagen, dann aber kam langsam eine große Erleichterung über sie. Ein enormer Druck ließ nach. Jetzt musste sie zuerst in den Stall gehen, um das neu geborene Kälblein anzuschauen. Auf zitternden Beinen stand es da, ganz eng bei seiner Mutter, die es mit ihrer rauen Zunge ableckte. Tränen liefen über Lisas Gesicht. Sie war glücklich. Und dann rief der kleine Bruder: „Komm Lisa, wir wollen wettrennen!"

Lisa tobte mit ihrem Bruder auf dem Hof umher. Die Eltern schauten sich lächelnd an: Lisa konnte noch eine Zeit lang Kind sein.

Sie fand Anschluss in der Sekundarschule. Silvia freute sich, dass ihre Freundin Lisa zu ihr in die gleiche Klasse kam.

Dann kam Weihnachten. Und was stand am Heiligen Abend in Lisas Zimmer?

Ein neues Pult, mit Schubladen, die man verschließen konnte.

Ein hübsches rotes Etui für den Schlüssel hatte Lisa ja schon.

Dunkelrote Rosen

Er schritt durch das Portal des Gefängnisses hinaus in die Freiheit.

Zwei Monate hatte er hinter Gittern zugebracht – wegen Fahrens in angetrunkenem Zustand. Es war nicht das erste Mal, dass er deswegen bestraft wurde. Die ersten Male gab es Bußen.

Karin hatte während der ganzen zwei Monate nichts von sich hören lassen. Im Geschäft hatten sie ihm nicht gekündigt, er konnte am Montag wieder anfangen zu arbeiten – aber Karin? Vielleicht wollte sie mit so einem wie ihm nichts mehr zu tun haben.

Er ging zum Bahnhof und fuhr von dort aus mit der S3 in die Stadt. Er musste sich wieder an die vielen geschäftigen Menschen gewöhnen. Langsam schlenderte er die Bahnhofstraße hinauf. Er hatte keine Eile heimzukehren. Vor einem Blumenladen stand er still. Im Schaufenster sah er Rosen, wunderschöne, große, dunkelrote Rosen. Er trat in den Laden. „Ich hätte gerne ein paar von diesen Rosen", sagte er. Die Verkäuferin lächelte. „Für einen Geburtstag?", fragte sie.

Er lächelte zurück. „So ähnlich", sagte er. Sie suchte sieben Rosen heraus und packte sie sorgfältig ein. „Möchten Sie eine Karte dazu haben?", fragte sie.

Eine Karte? Er zögerte. „Doch, geben Sie mir eine Karte", sagte er. Die Rosen waren sehr teuer, aber das war ihm egal. Mit dem Blumenpaket machte er sich zu Fuß auf den Heimweg.

An der Wohnungstür klingelte er, ihm war bange zumute. Niemand antwortete. Er schloss die Tür auf, ein vertrauter Duft kam ihm entgegen, Heimatgefühl und Geborgenheit. Es duftete nach frisch gebackenem Kuchen, aber Karin war nicht da.

Er suchte eine passende Vase und stellte sie mit den Rosen auf den kleinen Glastisch. Es sah bezaubernd aus. Diese schönen langen Stiele mit den üppigen grünen Blättern und den großen dunkelroten Knospen, die eben am Aufgehen waren. Er schrieb etwas auf die Karte und legte sie dazu.

Es war fünf Uhr, Karin musste bald nach Hause kommen. Er setzte sich auf das helle Sofa. Nur zu gern hätte er jetzt ein Bier aus dem Kühlschrank geholt. Er verzichtete darauf, er wollte nicht nach Alkohol riechen, er wollte ja überhaupt keinen Alkohol mehr trinken.

Nach einer Viertelstunde hörte er, wie sich der Schlüssel im Schloss der Wohnungstür drehte, und er sah Karin, blond und zierlich, hereinkommen. Er stand auf. „Da bin ich wieder", sagte er.

Karin sah ihn prüfend an, dann fiel ihr Blick auf die Rosen, sie ging zu ihnen hin, roch lange an ihnen und nahm die Karte auf. „Verzeih mir, Karin, ich liebe dich", stand darauf. Ihre Augen füllten sich mit Tränen. Sie machte einen Schritt auf ihren Mann zu. Er schloss seine Frau in die Arme und hielt sie lange fest. „Jetzt wird alles gut", versprach er. Karin löste sich aus seiner Umarmung. „Ich mache Kaffee", sagte sie. „Einen Kuchen habe ich heute schon gebacken, deinen Lieblingskuchen."

Der Lieblingsschüler

Apropos Lieblingsschüler. Nun ja, er hatte einen Lieblingsschüler, das heißt, eigentlich zwei – und einen davon ganz besonders.

Es war acht Uhr morgens. Beat Keller stand vor seiner Klasse, die aus vierzehn- bis fünfzehnjährigen pubertierenden Jungen und Mädchen bestand.

„Guten Morgen miteinander", begrüßte der Lehrer seine Schüler.

Sie standen auf, wie es Vorschrift war.

„Guten Morgen, Herr Keller", antworteten sie.

Dann setzten sie sich wieder.

Im Großen und Ganzen war Beat Keller bei seinen Schülern beliebt. Er gestaltete den Unterricht interessant und verband Autorität mit Kameradschaftlichkeit. Er liebte es mehr, zu loben als zu tadeln. Daneben war er streng. Gute Arbeiten wurden mit einem „Smily" belohnt, einem kleinen Aufkleber, der Spaß machte. Daneben gab es ein Straf-Kässeli. Wer ohne dringenden Grund gegen eine Klassenregel verstieß, musste einen Franken in die Kasse bezahlen. Mit diesem Geld wurde dann einmal im Jahr ein Ausflug unternommen.

Beat Kellers Bestreben war, unparteiisch zu sein. Aber er gestand es sich ein: Es gab solche in der Klasse, die er nicht ausstehen konnte. Zum Beispiel diese dicke Julia, die ihn mit ihrem ewigen Kaugummikauen nervte. Oder der kleine, quirlige Besserwisser Lukas, der immer alle korrigierte. Da war ihm die hübsche, sportliche Eva schon lieber.

Seine Lieblingsschüler aber hießen Kurt und Marcel.

Kurt war der typisch gute Junge. Er hatte ein liebes Gesicht, blaue, treuherzige Augen und blonde Haare. Er war friedfertig, kam mit seinen Kameraden gut aus, vor allem aber wollte er es seinem Lehrer recht machen.

Seine schulischen Leistungen waren nicht besonders gut, obwohl er sich Mühe gab. Er brachte es einfach nicht fertig, eine Seite ohne Fehler zu schreiben, und ein oder zwei Tintenkleckse waren immer auf dem Blatt. Eines Tages brachte er jedoch eine makellose Arbeit, die er zu Hause gemacht hatte, in die Schule. Es war ein Aufsatz, der zuvor vor Fehlern gestrotzt und den er nun korrigiert hatte. Kein einziger Fehler und kein Tintenklecks waren mehr zu sehen. Dafür gab es bestimmt ein „Smily". Das Lob des Lehrers machte Kurt glücklich. Zu diesem Jungen hatte Beat Keller eine echte Zuneigung. Sein Vater, ein Schreinermeister, verriet ihm später einmal, dass sein Sohn diesen Aufsatz bis spät in die Nacht immer wieder von Neuem geschrieben habe, bis er vollkommen war.

Bei Marcel war es anders. Er lebte allein mit seiner Mutter, der Vater war vor einigen Jahren abgehauen. Dieser Junge war schön, mittelgroß, feingliedrig gebaut. Er hatte ein bräunliches, hübsches Gesicht, die dunkelblonden Haare hatten die Neigung, ins Gesicht zu fallen. Seine Augen waren blau und hatten manchmal einen verträumten Ausdruck. Aber es war seltsam: Wenn Beat Keller ihn in der Schulstunde beobachtete und dachte, dass der Junge in Gedanken abwesend sei, wenn er ihn dann aufrief und etwas fragte – Marcel wusste die Antwort. Er war intelligent, aber beileibe kein Streber. Nur seinem Lehrer gefallen wollte er, das war klar.

Und der Lehrer? Er lebte allein, aber wenn er einen Sohn hätte, dachte er, müsste er so sein wie Marcel. Aber war es wirklich nur eine Vater-Sohn-Beziehung, die er sich wünschte? Oder war es vielleicht noch etwas anderes? War er in Marcel verliebt?

Wenn sich in der Schule ihre Blicke trafen, lächelte ihn der Junge scheu an. Er wusste, wie es um seinen Lehrer stand.

Dann versuchte Beat heftig, auf andere Gedanken zu kommen. Er wandte sich der unsympathischen Julia zu und lobte sie sehr, wenn sie ausnahmsweise einmal eine richtige Antwort gab.

So war die Befindlichkeit von Lehrer Beat Keller, als er sich eines Tages wieder einmal mit der Klassenkasse beschäftigte. Er führte genau Buch, es war schon ein hübsches Sümmchen zusammengekommen. Vor den Sommerferien wollten sie zusammen eine Schifffahrt machen und auf dem Schiff einen Imbiss genießen. Da bemerkte er, dass zehn Franken in der Kasse fehlten.

Am anderen Tag teilte er die Entdeckung seinen Schülern mit.

„Jemand von euch muss das Geld genommen haben, die Kasse liegt ja immer offen in meinem unverschlossenen Pult. Wer von euch das Geld genommen hat, soll es mir allein gestehen. Ich werde die- oder denjenigen nicht verraten. Aber eine Strafe muss sein. Und diese Strafe soll der Täter oder die Täterin selbst festlegen."

Die Schüler schwiegen.

Es vergingen einige Tage, an denen nichts passierte. Dann, an einem Freitag um vier Uhr nach Schulschluss, als alle Schüler ihre Schulsachen zusammengepackt und das Schulzimmer verlassen hatten, bemerkte der Lehrer, dass noch jemand da war, der länger als sonst beim Einpacken verweilte.

Es war Marcel. Er ging auf seinen Lehrer zu und sagte mit gesenktem Kopf: „Ich war es, ich habe das Geld genommen."

„Du, Marcel?", fragte der Lehrer überrascht. Du bist also zu mir gekommen, dachte er.

Es war das erste Mal, dass er mit Marcel allein in einem Raum war.

„Warum hast du das Geld genommen?", fragte er.

„Ich weiß nicht", erwiderte der Junge.

„Und welche Strafe hast du dir für den Diebstahl ausgedacht?", fragte Beat.

Da schaute Marcel seinen Lehrer an. Tränen standen in seinen Augen.

„Geben Sie mir zwei Ohrfeigen, eine rechts und eine links", sagte er.

„Es wird aber wehtun", meinte Beat.

„Ich weiß", antwortete Marcel.

Und wie nun dieser schöne Junge vor ihm stand und sich ihm auslieferte, überkam Beat ein sonderbares Gefühl, ein Gefühl, das an Lust grenzte. Er schlug zu, mit Gewalt, einmal links, einmal rechts, so, wie es Marcel gewünscht hatte. Der Junge gab keinen Ton von sich, aber Tränen liefen über seine nun feuerroten Wangen herab.

„Jetzt ist es gut“, sagte Marcel.

Beat, der Lehrer schämte sich. Viele Jahre später erfuhr er, dass Marcel Polizist geworden war.

Auf der Schattenseite

Es war in der großen Stadt Zürich.

Paul ließ sich schwerfällig auf einen freien Sitz in der Straßenbahn Nr. 11 sinken.

Er war müde von der Arbeit und auf dem Weg nach Hause. Er hatte den ganzen Tag in einer Warenhalle Gestelle aufgefüllt und Botengänge gemacht. Er war Hilfsarbeiter.

Trotz seiner vierzig Jahre lebte er noch bei seinen Eltern. Sein Bruder war längst aus dem kleinen Haus im Enzenbühl, einem hübschen Quartier der Stadt, ausgezogen und hatte eine Familie gegründet. Er, Paul, war ein Versager, im Beruf, in der Liebe – so jedenfalls sah es seine Mutter und behandelte ihn immer noch wie einen kleinen Buben. Der Vater war bereits leicht dement und realisierte nicht mehr alles.

Paul fühlte sich minderwertig. In der Schule saß er zuhinterst. Plump und etwas dicklich saß er da. Er sah irgendwie ungepflegt aus, die braunen Haare standen wirr um seinen Kopf, seine Zähne waren schief.

„Paul", sagte der Lehrer in der vierten Klasse zu ihm. „Du bist schon einmal sitzen geblieben. Bald wirst du im Hainerweg landen." Die Drohung Hainerweg hatte dieser Lehrer für schlechte Schüler stets parat, es war das Schlimmste, was einem passieren konnte. Im Hainerweg befand sich die Sonderschule für Dumme und Zurückgebliebene. War man einmal dort, wurde man von allen bisherigen Kameraden gemieden, man gehörte nicht mehr dazu.

Nun, Paul konnte diese Maßnahme knapp verhindern, er schlängelte sich irgendwie bis zur achten Klasse durch.

Eine Freude hatte Paul in seiner Kindheit doch. Im oberen Stock seines Elternhauses wohnte der Großvater, und der Großvater hatte eine Hand-Harmonika. Fast jeden Tag stieg der kleine Junge zu ihm hinauf und hörte zu, wie er auf der Handorgel spielte. Es waren bekannte Volkslieder, und manchmal, wenn der Großvater gute Laune hatte, sang er dazu. Eines Tages fragte er: „Möchtest du es auch einmal versuchen?"

Pauls Augen leuchteten, er nahm die Handorgel, hängte sie sich um und begann nach Anweisung des Großvaters die Tasten zu drücken. Es zeigte sich, dass Paul hier alles schnell begriff, hier war er begabt, bald konnte er einfache Stücke spielen. Jetzt hatte er eine geheime Freude. Er teilte sie niemandem mit.

Nach der Schulzeit begann er eine Schreinerlehre, brach sie ab, versuchte es in einer Gärtnerlehre, brach auch diese ab. Es fehlte ihm an Motivation, und in der Gewerbeschule kam er nicht recht mit. Also wurde er Magaziner, es war ihm egal, wie er sein Geld verdiente.

Andere Jungen in seinem Alter gingen in den Ausgang, in Clubs, lernten Mädchen kennen und machten Erfahrungen in der Liebe. Ein paarmal ging Paul mit, aber er sah, dass sich die Mädchen nicht für ihn interessierten. Er war sehr scheu, und wenn er einmal einer die Hand gab, merkte er, dass seine Hände feucht vor Schweiß waren.

Dann starb der Großvater. Paul erbte seine Handorgel. „Ich möchte am liebsten in seine Stube ziehen", sagte er zur Mutter. Sie war einverstanden, und so lebte Paul in Großvaters Stube und er dachte, dass der Großvater der liebste Mensch in seinem Leben gewesen war. Manchmal war ihm, als sitze er noch in seinem Armstuhl neben ihm.

Die Tage in Pauls Leben verliefen eintönig. So war auch dieser Tag, als er im Enzenbühl aus der Straßenbahn stieg, gewöhnlich gewesen.

Aber an diesem Abend erfuhr er eine Neuigkeit, die sein ganzes Leben verändern würde.

Nach dem Nachtessen sagte die Mutter: „Paul, verschwinde jetzt nicht wieder sofort in deine Bude, Vater und ich haben mit dir zu reden.“ Es stellte sich heraus, dass sich die Eltern vor zwei Jahren in einem Altersheim angemeldet hatten und dass jetzt ein Platz für sie frei wurde. „Du weißt ja, dass es Vater schlechter geht, und bevor er in ein Pflegeheim muss, ziehen wir beide ins Altersheim. Das Haus müssen wir dann halt verkaufen.“

Der Vater sagte: „Es ist das Beste für uns.“

„Und ich?“, fragte Paul.

„Dein Beistand kommt morgen Abend vorbei. Er wird dir einen Vorschlag zu einer Lösung machen“, antwortete die Mutter.

In dieser Nacht schlief Paul lange nicht ein. Eine große Traurigkeit kam über ihn. Ihn hatte man nicht gefragt.

Der Beistand nahm ihn in das Wohnheim mit. Er kannte dort den Heimleiter, der Paul aufnehmen würde. Als Paul hörte, um was für ein Heim es sich handelte, sträubte er sich dagegen. „Zu den Blöden gehe ich nicht“, sagte er. Aber er ging doch.

In diesem Heim lebten Menschen mit einer leichten geistigen Behinderung. Die meisten arbeiteten tagsüber im Züriwerk.

Paul wurde vom Heimleiter und den Betreuern freundlich empfangen. Die Bewohner und Bewohnerinnen betrachteten ihn mit Neugierde, aber ohne Vorurteil.

Er sollte zur Probe einen Monat lang da bleiben. Er lebte sich ein. Am Morgen ging er wie gewöhnlich zur Arbeit und freute sich auf den Abend. In der Gruppenstube redete und lachte er mit den anderen, spielte mit ihnen „Eile mit Weile“, mischte sich in ihre Streitereien ein, gab sein Urteil ab, gebärdete sich völlig unbefangen. Er musste selbst über sich staunen. Eines Tages nahm er seine Handorgel mit in die Stube und spielte seine Volksstücke.

In diesem Wohnheim an der Kreuzstraße gab es eine Singgruppe. Sie nannten sich „cross-street-singers" und sangen alte und neue Hits auf Englisch. Paul war während ihrer Probe immer dabei und mit ihm seine Handorgel. Und hier kam sein musikalisches Talent zur Geltung. Er konnte keine Noten lesen. Er begann einfach, die Sänger und Sängerinnen nach seinem Gehör zu begleiten, und das gelang ihm immer besser. Eine junge Frau aus der Gruppe, Beatrice mit ihrem breiten, lieben Gesicht, schaute ihn immer an. Sie sah nicht sein unschönes Äußeres, sie sah seine guten, braunen Augen. Nach der Probe blieb die Gruppe immer noch ein wenig zusammen, sie tranken Wein und schwatzten. Beatrice setzte sich nahe zu Paul. Sie lächelte ihn an und griff nach seiner Hand, der Hand, die jetzt nicht mehr feucht, sondern warm und trocken war. Bei dieser Berührung rieselte durch Pauls Körper ein prickelndes, aufregendes Gefühl, das er so noch nie gekannt hatte. Er legte seinen Arm um Beatrice. Und so kam das Glück in dieses Leben auf der Schattenseite.

Himmelhoch jauchzend – zu Tode betrübt

Lena zog den letzten Pinselstrich an ihrem Bild auf der Staffelei, trat etwas zurück und betrachtete es. Sie hatte versucht, das Meer an einem stürmischen Tag darzustellen. Am Himmel sah man große dunkle Wolken, das Wasser wogte in riesigen Wellen. Am Meeresstrand stand eine einsame Gestalt, eine Frau. Wenn ich diese Frau wäre, dachte Lena, nur drei Schritte, und die Wellen würden über mir zusammenschlagen und mich nach kurzem Kampf in eine ewige Ruhe betten.

Aber noch musste sie leben, das Leben bewältigen. Und manchmal war es ja auch beglückend, in der euphorischen Phase, wenn sie voller Pläne und Ideen war. Aber jedes Mal kam dann wieder diese Leere, dieses Gefühl, von allem abgeschottet und wie in Watte verpackt zu sein.

Wer war Lena? Eine hübsche, nicht sehr große schlanke Frau mit braunen Augen und braunem, mittellangem Haar. Sie war bald fünfzig Jahre alt. Hatte sie Probleme?

Ja, die hatte sie. Nicht von Anfang an. Sie war das einzige Kind bürgerlicher Eltern. Nach der Schule begann sie eine Ausbildung an der Kunstgewerbeschule. Wunderschön gemalte Seidenschals zeugten noch von dieser Zeit. Sie brach die Ausbildung ab und machte daraufhin eine Lehre als Laborantin. Die nächsten Jahre verliefen normal. Sie liebte ihren Beruf und liebte Bergwanderungen, die sie zusammen mit Beat machte. Dann kamen diese Stimmungsschwankungen. Immer häufiger wechselte ein unstillbarer Tatendrang mit großer Mutlosigkeit. Nach einem heftigen unbeherrschten Ausbruch brachte Beat sie in die psychiatrische Klinik.

Sie sei manisch-depressiv, sie habe eine bipolare Störung, sagte man ihr. Man könne diese Krankheit mit Medikamenten lindern, aber leider nicht heilen. Sie blieb eine Zeit lang in der Klinik, verlor Stelle und Freund und bekam eine Invalidenrente.

Ihre wenigen Bekannten hatten sich zurückgezogen. Der Vater war gestorben, und die Mutter lebte in einem Pflegeheim und kannte sie kaum mehr. Lena fühlte sich einsam und wertlos.

Das Malen half ihr, am Leben zu bleiben. Sie malte in einem Atelier zusammen mit anderen psychisch kranken Menschen. Sie malte Berge, immer wieder blaue Berge in Morgenstimmung, bei Mittagsbeleuchtung. Die schönsten Bilder waren die mit der Abendsonne, die Schnee und Gletscher in ein rot schimmerndes Licht tauchten.

Es waren Erinnerungen an die Zeit mit Beat.

Jetzt hatte sie das Meer gemalt, die Sehnsucht nach dem Tod hatte sie ausgedrückt. Das war der Anfang der Depressionsphase.

Sie ging nach Hause. Auf der Straße lag Schneematsch, es war Februar. Sie schloss ihre etwas düstere Zweizimmerwohnung in dem kleinen Haus auf. Nun folgten Tage, da sie am Morgen im Bett liegen blieb, da sie sich nicht mehr pflegte, da sie kein Telefon abnahm und den Briefkasten nicht mehr leerte. Wenn sie es in ihren vier Wänden nicht mehr aushielt und diese undefinierbare Angst über sie kam, stülpte sie die Mütze auf ihr wirres Haar, zog Mantel und Stiefel an und setzte sich ins Tram. Sie fuhr von Endstation zu Endstation, blieb sitzen und fuhr weiter hin und her. Menschen stiegen ein und aus, alle hatten ein Ziel, nur sie nicht. Manchmal stieg sie aus, um an einem Stand eine Brezel zu kaufen und einen Kaffee aus einem Pappbecher zu trinken. Am Abend kehrte sie erschöpft nach Hause zurück und flüchtete sich in einen schweren, traumlosen Schlaf.

Einmal kam sie nach Hause, da stand ein Mann vor ihrer Wohnungstür. Eben hatte er vergeblich geläutet. Sie erkannte ihn sofort, es war Jonas, der vor drei Jahren mit ihr in der Klinik war. Er war Lehrer und hatte damals ein Burnout gehabt.

„Lena“, rief er aus, „ich wohne jetzt in deiner Nähe und wollte fragen, wie es dir geht.“

„Ich kann keine Besuche empfangen“, sagte Lena.

„Aber vielleicht morgen Abend? Ich möchte mit dir reden", sagte Jonas und sah sie prüfend an.

Sie nickte und verschwand hinter ihrer Tür.

Als sie am nächsten Morgen erwachte, dachte sie: Warum nur habe ich genickt? Aber sie stand auf, duschte nach langer Zeit wieder einmal und wusch sich die Haare. Alles ging langsam. Sie machte sich Kaffee, einen kleinen Rest Pulver hatte sie noch. Dann nahm sie ihre Einkaufstasche. Jetzt musste sie ein paar Lebensmittel besorgen. Zuerst aber noch Geld. Wo hatte sie nur ihre Bankkarte? Das Leben fing zaghaft wieder an. Als sie aus ihrer Wohnungstür ins große Entree mit den hellen Fenstern trat, begegnete ihr Herr Binder, der Mieter von oben. Er grüßte nur knapp und ging mit schnellen Schritten an ihr vorbei.

Am Abend kam Jonas. Sie saßen auf dem alten Sofa. Lena hatte eine Flasche Wein und Salzgebäck besorgt. Jonas erzählte, dass er seit einem Jahr geschieden sei und wieder eine Stelle als Oberstufen-Lehrer gefunden habe.

Sie tranken Rotwein.

„Du siehst immer noch hübsch aus", sagte er. „Und du hast so schöne, ausdrucksvolle Bilder aufgehängt."

„Ach ja", sagte Lena, „die habe ich gemalt."

„Dann hast du ja Talent!", rief Jonas aus. „Diese Bilder erinnern an die späten Gemälde von Hodler."

Lena wurde rot. „Kleines Überbleibsel aus der Kunstschule", sagte sie. Ein wenig freute sie das Lob aber doch.

„Wenn ich nur andere Möbel hätte, diese alten Sachen habe ich noch vom Elternhaus mitgebracht. Schon lange wollte ich die Wohnung mit hellen Möbeln, Teppichen und Vorhängen ausstatten, aber dazu fehlte mir jedes Mal die Energie", meinte sie.

Als Jonas am nächsten Abend wiederkam, schauten sie zusammen den großen Möbel-Katalog an, der eben mit der Post gekommen war. Er hatte Tulpen mitgebracht. Jetzt, im Februar, eine Vorahnung von Frühling! Und er hatte in Lena einen kleinen Lebensfunken entfacht. Und dieser Funke wurde bald zu einem kleinen und dann immer größeren Feuer.

Am nächsten Samstag begleitete Jonas Lena in das große Möbelhaus. Sie hatte noch etwas erspartes Geld, und das wollte sie jetzt für eine neue Wohnungseinrichtung ausgeben. Sie suchten zusammen hübsche Sachen aus, einen runden Tisch mit vier Stühlen, einen Geschirrschrank, ein Büchergestell, alles aus hellem Holz, ein Sofa mit hellblau-beige kariertem Stoffbezug, einen Lehnstuhl aus Holz mit hellbraunen Lederkissen. Oh, es würde gemütlich werden! Ihre Bilder würden gut dazu passen. Und dann kam noch das Schlafzimmer dran. Und natürlich neue Teppiche und Vorhänge!

„Sollten wir nicht zuerst bei dir die Zimmer ausmessen?“, fragte Jonas.

Ja, das sollten sie.

Wieder zu Hause, meinte Lena: „Jetzt wollen wir die alten Möbel alle ins Entree tragen, hier hat es ja Platz genug. Hilfst du mir?“

Jonas zögerte. „Darfst du den Eingang so belegen?“, fragte er.

„Wir machen es einfach, ohne zu fragen“, sagte Lena. „Der Studentin oben ist das bestimmt egal. Herr Binder wird reklamieren, aber das tut er ja ständig, mit dem werde ich schon fertig.“

Und so trugen Jonas und Lena die alten Möbel des Wohnzimmers ins Entree. „Hier könnte man direkt wohnen“, sagte Lena. „Jetzt mache ich Kaffee und wir trinken ihn da draußen. Steckdosen für die Ständerlampe und den CD-Player hat es hier ja auch.“

„Lena“, sagte Jonas, „du weißt, dass ich dich jetzt eine Woche allein lassen muss, ich gehe mit meinen Schülern ins Skilager. Ich hoffe, dass du keine Schwierigkeiten bekommst.“ Jonas küsste Lena. „Ich freue mich auf einen Neuanfang mit dir“, sagte er.

Schwierigkeiten? Kleinigkeiten! Lena kam richtig in Schuss. Die nächsten Tage verbrachte sie wie auf einer langen Schlittenfahrt. Sie fuhr, immer schneller und schneller, konnte nicht mehr bremsen bis zum unvermeidlichen Absturz.

Tagsüber putzte sie die Wohnung, Böden, Wände, Fenster, Bad und Küche, bis alles glänzte. Sie maß Zimmer aus. Sie ging wieder ins Möbelgeschäft, schaute mit dem Wohnberater Muster für Teppiche und Vorhänge an, bestellte Schlafzimmermöbel und eine hübsche Glasvitrine, die es ihr angetan hatte und die auch noch irgendwo Platz finden würde.

Und nachts? Ja, da saß Lena auf dem alten Sofa im Entree, eine Flasche Wein und den CD-Player auf dem Tisch. Sie hörte ihre Lieblings-Songs. Je mehr Wein sie trank, desto lauter ließ sie die Lieder ertönen. Das Leben war wieder lebenswert!

Gab es da keine Reklamationen? Und ob es sie gab! Herr Binder war wütend, er drohte mit Verwaltung und Polizei.

„Non, rien de rien, je ne regrette rien", tönte es zu ihm hinauf.

„Und wie Sie es bedauern werden!", rief er hinunter.

Lena bekam Besuch, unerfreulichen, am Tag und in der Nacht.

Am Tag kam der Verwalter. „So geht das nicht", sagte er. „Im Eingang dürfen keine privaten Gegenstände aufgestellt werden und in der Nacht muss Ruhe herrschen."

Lena erklärte ihm, dass diese Sachen alle abgeholt würden, sobald sie ihre neuen Möbel bekäme. Und sie versprach, in der Nacht ruhig zu sein. Der Verwalter war zum Glück großzügig und erklärte, in zehn Tagen wiederzukommen. Dann müsse alles aufgeräumt sein.

Nachts saß Lena wieder auf ihrem alten Sofa und trank Wein. Zuerst spielte sie nur ganz leise. Ach, diese Songs von Sinatra waren zu schön, „Strangers in the Night" und „Moon River", aber jetzt kam wieder dieser Zwang über sie, dieser Zwang – sie kannte ihn von früher –, etwas zu tun, was sie eigentlich nicht tun wollte. Sie konnte nicht mehr bremsen. Sie musste aufdrehen, sie musste diesen Max Binder provozieren.

„New York, New York!", tönte es in voller Lautstärke. Es war Mitternacht. Da ging die Haustür auf und zwei junge Polizisten kamen herein.

„Wir haben eine Reklamation wegen Ruhestörung bekommen. Stellen Sie sofort dieses Gerät ab", befahlen sie.

Lena versuchte, charmant zu sein. „Ich bin ja ruhig, wollen Sie ein Glas Wein mit mir trinken?"

„Das dürfen wir nicht, wir sind im Dienst, und für Sie wäre es an der Zeit, schlafen zu gehen", meinten sie. Die beiden Polizisten gingen wieder.

Aber in der nächsten Nacht wiederholte sich das Ganze. Lena konnte nicht anders. „Somethin stupid“ tönte es laut, und Lena, trunken von Wein, sang, sie schrie fast und lärmte und tanzte.

Der nächste Besuch kam am folgenden Tag. Es war Dr. Wettstein, der Stadtarzt. Er fragte und hörte Lena zu. Er gab Lena zu bedenken, dass ihre Aufführung schlimme Folgen für sie haben könnte. Er fragte sie nach ihren Bezugspersonen. Da war nur Jonas, und der war nicht da.

Wenn nur Jonas hier wäre, dachte Lena. Aber der Schlitten raste dem Abgrund zu.

In der folgenden Nacht kamen wieder zwei Polizeibeamte. Sie sahen im Entree eine Frau mit dunklen Haaren, tanzend, ziemlich aufgelöst, ein Glas Wein in der Hand, schluchzend und dabei laut mit Frank Sinatra „more and more at this, I did it my way“ singend.

Sie legten dieser Frau Handschellen an und führten sie fort – in die psychiatrische Klinik.

Am Samstagabend kam Jonas vom Skilager zurück. Sein erster Gang führte ihn zu Lena. Aber sie war nicht da. Herr Binder erzählte ihm nicht ohne Genugtuung die ganze Geschichte. So habe ich es nicht verhindern können, dachte Jonas.

Am Sonntagnachmittag schritt ein Mann mittleren Alters langsam auf das Portal der psychiatrischen Klinik zu. Es war Jonas. Er trug einen kleinen Strauß Schneeglöckchen in der Hand.

Traumfahrt

Er befand sich in einem silbernen Jaguar und fuhr auf einer scheinbar endlosen Straße. Der Jaguar glitt zwischen grünen Wiesen mit blühenden Apfelbäumen dahin, die Sonne schien, ein Schwarm Stare flog von einem Apfelbaum auf. Weiße Schäfchenwolken durchbrachen das Azurblau des Himmels. Kein anderes Auto, kein anderer Mensch weit und breit!

Er, der fünfzigjährige Gewerbeschullehrer, saß auf grauem, weichem Lederpolster, das Armaturenbrett aus Mahagoni-Holz vor sich, und steuerte seinen Traum-Wagen durch diese paradiesische Landschaft.

Dabei dachte er an ihn, er dachte an seinen achtzehnjährigen Schüler in der zweiten Bankreihe der Gewerbeschule. Dieser Junge war schön, mittelgroß, athletisch, dabei feingliedrig gebaut. Er hatte ein bräunliches, hübsches Gesicht, die dunklen glatten Haare hatten die Neigung, ins Gesicht zu fallen. Seine Augen, die gerne etwas spöttisch blickten, waren blau, ein seltener Kontrast zu den fast schwarzen Haaren. Und manchmal, wenn er diese mit einer anmutigen Bewegung aus der Stirne warf, stockte dem Lehrer das Herz. Er musste es sich eingestehen, er war leidenschaftlich in diesen Schüler verliebt.

Und dieser wusste genau, wie es um seinen Lehrer stand. Wenn sich ihre Blicke trafen, lächelte der Junge erst scheu und dann herausfordernd. Der Lehrer senkte zuerst die Augen.

Der Lehrer war bei seinen Schülern beliebt, er gestaltete den Unterricht interessant und verstand es, Autorität mit Kameradschaftlichkeit zu verbinden. Am Ende der Schulstunden gab er hier und da Schülern zum Abschied die Hand, diesem Jungen aber nie.

Er fuhr immer noch. Er war allein auf weiter Flur. In den Wiesen hatte es viele Blumen. Er erinnerte sich: Als Kind hatte er für seine Mutter oft schöne Wiesenblumen-Sträuße gepflückt. Damals gehört seine ganze Liebe der Mutter.

Er steuerte den silberfarbenen Jaguar weiter und weiter und bog um eine Kurve. In einiger Entfernung sah er jemanden am Straßenrand stehen, jemanden in Jeans und T-Shirt in lässiger Haltung, eine Zigarette rauchend. Er fuhr langsam näher. Es war ein Junge, sein Junge. Er hielt an. Der Junge warf die Zigarette auf den Boden, zerdrückte sie mit seinem Turnschuh, warf mit einer anmutigen Bewegung die herabfallenden Haare aus der Stirn und lächelte den Lehrer an.

„Steig ein, Carlos", sagte dieser. Der Junge schwang sich geschmeidig auf den grauen Ledersitz.

Sie saßen nahe beieinander, der Lehrer und sein Schüler. Die Haare des Jungen dufteten frisch, so frisch wie der Frühling. Der Lehrer war verzaubert. Sollte seine Sehnsucht gestillt werden? Leidenschaft kam über ihn. Er gab Gas, fuhr schneller und schneller, der Tacho zeigte 100, 120, 150 km und er raste, raste … Der riesige Baum tauchte unvermutet wie ein übergroßer Schatten vor ihnen auf, er wollte bremsen, prallte mit ungeheurer Wucht in ihn hinein – und erwachte.

Er erwachte in seinem Bett zu Hause, schweißgebadet. Sein Herz klopfte zum Zerspringen. Er versuchte, langsam zu atmen. Dann schaute er auf den Wecker auf dem Nachttisch. Sechs Uhr morgens! Ein neuer Tag begann. Alltag. Sein alter Golf stand vor dem Haus. Um neun Uhr war Gewerbeschule …

Das Glück der Rosa Müller

Bis zu ihrem 70. Lebensjahr führte Rosa Müller ein einfaches, bescheidenes Leben. An ihrer Wiege stand keine Glücksfee, die sie mit Wundergaben beschenkt hätte.

Ihre Mutter gab sie nach der Geburt sofort in ein Kinderheim und wanderte mit ihrem reichen Geliebten nach Spanien aus. Rosa hörte von der Mutter während ihres ganzen Lebens nur zweimal etwas, das erste Mal, als die Mutter ihren Freund heiratete . Und das zweite Mal, als die Mutter gestorben war.

Im Kinderheim war Rosa nicht glücklich. Da wurde nach dem Prinzip „Zuckerbrot und Peitsche" erzogen. War man lieb und gehorsam, bekam man von der Hausmutter ein Heiligenbildchen, kam es aber zum Beispiel vor, dass man das Bett nässte, musste man neben dem Bett stehen und das nasse Hemd hochheben, damit einem die „Mutter" auf den nackten Hintern schlagen konnte.

In der Schule hatte Rosa Schwierigkeiten. Lesen, Schreiben und Rechnen machten ihr Mühe. Da wies ihr die Lehrerin kurzerhand einen Platz ganz hinten im Schulzimmer an. Da konnte sie nun lernen oder auch nicht, gefragt wurde sie nicht mehr. Nach der Schule wurde sie Hausmädchen in verschiedenen Familien, dann arbeitete sie in einer Druckerei, einer chemischen Reinigung und in einer Verbandstofffabrik, immer als Hilfsarbeiterin. Die Männer ließen sie in Ruhe, da sie nicht besonders hübsch und eben etwas unbeholfen war.

Einige Geborgenheit fand sie in der Heilsarmee. Dort war man lieb zu ihr, und dort konnte sie singen. Sie hatte eine schöne Stimme und wurde dafür gelobt.

Als Rosa pensioniert wurde, entdeckte sie ein anderes Hobby. Sie fing an, Plüschtiere und Nippsachen aus dem Brockenhaus zu sammeln. Leider fiel ihr das Gehen immer schwerer. Sie litt an Arthrose in den Kniegelenken.

Da kam es ihr zugute, dass sich an der Ecke der Straße, in der sie wohnte, eine Brockenstube befand. Dort war sie fast jeden Tag anzutreffen. Herr Stüssi, der Inhaber, verkaufte ihr Teddybären, Katzen und Hunde aus Plüsch, kitschig gemalte Tassen, Liebespärchen aus Porzellan und vieles mehr. Bald war Rosas kleine Wohnung übervoll von all diesen Dingen.

Herr Stüssi war 60 Jahre alt, geschieden und lebte allein. In seinem Laden befand sich auch ein kleiner Tisch mit zwei Stühlen. Seine Stammkunden lud er da manchmal zu einer Tasse Kaffee ein.

Für Rosa war die Brockenstube zur zweiten Heimat geworden. Hier kramte sie nicht nur, sondern hier erzählte sie Herrn Stüssi alle Vorkommnisse ihres Lebens, die sie bewegten. Er hörte geduldig zu, aber nicht immer. Es kam vor, dass er Rosa wegschickte und sagte, er habe jetzt keine Zeit zum Plaudern.

Und dann ereignete sich das Wunder! Rosa erhielt einen eingeschriebenen Brief, in dem ihr mitgeteilt wurde, dass ihre 90-jährige Mutter als Witwe gestorben und sie die alleinige Erbin eines großen Vermögens sei. Das Datum der Testamentseröffnung wurde angegeben. Dieses Schreiben, dessen Inhalt sie nicht ganz verstand, brachte sie ihrem Beistand, der die Angelegenheit weiterhin in die Hand nahm. Daraufhin eilte sie, trotz ihren Beschwerden, zu Herrn Stüssi und erzählte ihm ausführlich von ihrem Glück.

Und siehe da, jetzt hatte Herr Stüssi plötzlich viel Zeit für Rosa. „Frau Müller“, sagte er, „dieses Ereignis muss gefeiert werden. Wollen wir nächsten Sonntag eine kleine Ausfahrt zusammen machen?“

Frau Müller wollte. Herr Stüssi kam mit einem Blumenstrauß vorbei, half Rosa fürsorglich ins Auto und fuhr mit ihr zu einem hübschen Gasthof aufs Land. Bei einem Glas Rotwein sagte er: „Jetzt kennen wir uns schon lange, da wäre es eigentlich an der Zeit, dass wir einander duzen. Ich bin der Fritz."

Rosa stieß mit ihm an, lachte und sagte: „Ich bin die Rosa."

„Weißt du, Rosa", sagte Fritz, „du siehst eigentlich noch sehr gut aus, du hast so schöne weiße Haare und liebe Augen."

Rosa war glücklich, so nett war bisher noch nie ein Mann zu ihr gewesen. Diese Sonntagsausflüge wiederholten sich. Fritz verwöhnte Rosa und machte ihr Komplimente. „Bist du schon eine Millionärin geworden?", fragte er ab und zu scherzend. Als es dann so weit war und er erfuhr, dass Rosa sage und schreibe im Besitz von 800 000 Franken war, nahm er sie in die Arme, küsste sie und sagte: „Rosa, du lebst allein, ich lebe allein, wie wäre es, wenn wir unseren Lebensabend gemeinsam verbringen und heiraten würden?"

Heiraten?, dachte Rosa. Sie sollte eine verheirate Frau werden? Dann wäre ihr Glück vollkommen.

Fritz wurde geschäftig. Er suchte und fand bald ein nettes kleines Haus auf dem Land. Dieses wurde mit Rosas Geld und Einverständnis gekauft. Zwei Monate später heirateten sie. Rosas Beistand wollte unbedingt, dass bei der Heirat Gütertrennung vereinbart würde. Fritz war dagegen, und Rosa fand, alles, was ihr gehöre, gehöre auch Fritz. So zogen sie mit all ihren Möbeln, Plüschtieren und Nippsachen in ihr neues Heim. Ein Jahr lang ging alles gut. Sie kochten zusammen, saßen abends zusammen auf dem Sofa vor dem Fernseher und machten am Sonntag Ausflüge. Ab und zu kam Beat, ein Freund von Fritz, zu Besuch. Dieser machte gerne Bergtouren und überredete Fritz, ihn zu begleiten. So kam es immer öfter vor, dass die zwei Männer zusammen auszogen und Rosa allein zu Hause blieb. Rosa bekam weitere gesundheitliche Probleme, sie wurde inkontinent und schämte sich deshalb vor ihrem Mann. Zum Gehen brauchte sie Stöcke.

Eines Abends eröffnete ihr Fritz, dass er mit Beat eine Reise nach Thailand machen wolle. Sie könne ja während dieser Zeit ins nahe Altersheim ziehen.

Ja, jetzt war Rosa nicht mehr so glücklich. Sie machte sich Gedanken. War die Liebe von Fritz vielleicht nur geheuchelt gewesen?

Im Altersheim gefiel es Rosa nicht, und sie war froh, als Fritz sie nach der Thailand-Reise wieder abholte. Als sie am Abend zusammen auf dem Sofa saßen, begann Fritz von Thailand zu erzählen. Er hatte dort mit Beat ein Pflegeheim für ältere Menschen besucht und schwärmte Rosa vor, wie gut es die Alten dort hätten und wie fürsorglich und lieb die Pflegerinnen seien. „Wäre das nicht etwas für dich, Rosa? Dort bekämst du warme Bäder, würdest massiert und umsorgt werden. Und das Essen ist prima, Beat und ich haben es probiert."

„Aber dann wärest du ja nicht mehr bei mir", sagte Rosa. Sie fing an zu weinen. „Ich werde dich sehr oft besuchen kommen", versprach Fritz.

Und so kam es, wie es kommen musste. Rosa wurde nach Thailand gebracht. Ihre AHV-Rente reichte für die Pension im Pflegeheim. Das Haus und das übrige Geld behielt Fritz.

Die Pflegerinnen im Heim waren wirklich lieb zu ihr, aber ihren Mann sah Rosa nie wieder. War das nun das Glück, das Rosa sich erträumt hatte?

Amaryllis

Erika wohnte in einem alten Haus in der Stadt. Sie wohnte im 2. Stock. Im 1. Stock wohnte Frau Müller.

Erika war 30 Jahre alt, schlank und dunkelhaarig. Ihre braunen Augen blickten einen nie an, sie schweiften in die Ferne. Sie bezog eine IV-Rente und arbeitete in einer geschützten Werkstatt.

Frau Müller war etwa 60 Jahre alt, eher klein und mollig. Sie war energisch, ihr Blick war herausfordernd. Sie bezog keine IV-Rente. Sie war die Hauswartin und Gärtnerin des Hauses.

„Ich weiß nicht, ob diese komische Person da oben überhaupt etwas arbeitet", sagte sie zu ihrem Mann, „wahrscheinlich lebt sie vom Sozialamt. In der letzten Zeit kommt immer so ein schräger Vogel zu ihr, ein Typ mit Tätowierungen."

Herr Müller las die Zeitung. Er sah auf: „Lass doch diese Frau in Ruhe, Marie", sagte er, „solange sie dir nichts zuleide tut."

„Ja", sagte Frau Müller, „solange sie mir nichts zuleide tut …"

Wenn die Frauen einander zufällig im Treppenhaus begegneten, sagte Frau Müller „Grüßs Gott" und musterte Erika von oben bis unten. Erika sagte leise „Guten Tag", dabei schauten ihre Augen an Frau Müller vorbei.

So ging das durchs ganze Jahr – bis zum November. Da geschahen Dinge, die das Verhältnis zwischen Erika und Frau Müller veränderten.

Anfang November hatte Erika Geburtstag und bekam von ihrer Mutter einen schönen Glastopf geschenkt. Im Glas hatte es etwas Erde mit einem Knollen, aus dem ein grüner Stängel mit einer Knospe und zwei Blättern an jeder Seite wuchs. Es sah nach nichts Besonderem aus. „Das ist eine Amaryllis", sagte die Mutter. „Wenn du sie an einen hellen Ort stellst und ihr ab und zu Wasser gibst, erlebst du, dass der Stängel wächst und die Knospe sich zu wunderbaren roten Blüten öffnet." Abends, wenn Erika von ihrer Arbeit nach Hause kam, sah sie zuerst nach ihrer Pflanze, begoss sie, wenn nötig, und sah, dass der Stängel wieder etwas gewachsen war. Nach einer Woche schimmerte die Knospe zwischendurch rot und begann sich allmählich zu öffnen. Und dann war das Wunder da! Vier große rote Blüten mit feinen Staubfäden darin hatten sich entfaltet.

„Peter!“, rief Erika, „schau dir diese Wunderblume an!“

Peter schlug im Lexikon nach: „Die Pflanze stammt ursprünglich aus einer Bergregion Südafrikas, das Wort Amaryllis ist vom Namen einer Schäferin aus Vergils Hirtengedichten abgeleitet.“

Das wollte Erika gar nicht so genau wissen. Sie dachte, dass diese Blume allein ihr Werk sei. Sie hatte sie zum Blühen gebracht. Sie liebte diese Blume wie nie etwas zuvor.

An einem kalten nebligen Novembertag kam Erika müde von ihrer Arbeit nach Hause. Sie hatte den ganzen Tag Prospekte gefaltet und Adressetiketten auf Couverts geklebt. Als sie an der Wohnung von Frau Müller vorbeiging, traute sie ihren Augen nicht. Sie sah auf dem Sims des Treppenhausfensters, das sich neben dieser Wohnung befand, vier irdene Töpfe mit den ihr nun bekannten Amaryllis-Pflanzen. Die Stängel mit den noch grünen Knospen waren am Wachsen, sie waren verschieden lang. Erika konnte es kaum fassen. Und in den nächsten Tagen kam es noch schlimmer, immer mehr Amaryllis-Blumentöpfe erschienen. Bald stand auf jeder Treppenstufe vom Hauseingang bis in den ersten Stock eine Amaryllis.

Erika war verzweifelt. Nun hatte ihre Amaryllis, die sie wie einen Schatz gehütet hatte, ihren Wert verloren. Erika hasste diese Frau Müller. Das hat sie absichtlich gemacht, dachte sie. Warum konnte sie nicht andere Blumen ins Treppenhaus stellen, Azaleen oder Begonien, mit denen sie sonst das ganze Treppenhaus schmückte? Warum jetzt ausgerechnet Amaryllis?

Und Erika musste zusehen, wie alle diese Knospen aufgingen und zu wunderbaren Blüten wurden, nicht nur rote, nein, weiße, rosa- und lachsfarbene sowie rote mit weißen feinen Streifen entfalteten sich, während Erikas rote Amaryllis allmählich verblühte. Bei jeder neu aufgegangenen Blume gab es Erika einen Stich ins Herz. Manchmal sah sie Frau Müller an ihren Blumentöpfen hantieren. Sie schlich ohne ein Wort zu sagen an ihr vorbei.

„Ich tue es", sagte sie zu Peter.

„Nein, tue es nicht", sagte er.

Am Freitagabend fragte Peter: „Wollen wir ein Glas Wein trinken gehen?"

Erika nickte, zog Mantel, Mütze und Stiefel an und ging mit Peter in die kleine Kneipe unten an der Straße. Sie tranken Weißwein, knabberten Salzgebäck, Erika hielt Peters Hand. Er begleitete sie nach Hause. Als sie die Haustür öffneten, sagte Peter: „Schau die Blumen einfach nicht an, schau weg." Erika schaute weg, und Peter führte sie in die Wohnung.

Am Samstagabend fragte Peter: „Wollen wir ins ‚Insieme' gehen? Wir können dort etwas essen und nachher mit den anderen schwatzen oder spielen."

Erika war einverstanden. Sie zog Mantel, Mütze und Stiefel an und ging mit Peter ins „Insieme". Dort aßen sie Spaghetti, tranken ein Glas Rotwein dazu und spielten nachher mit den anderen „Eile mit Weile" und „Tschau Sepp". Als sie wieder nach Hause kamen und die Haustür öffneten, sagte Peter: „Schau die Blumen nicht an, mach die Augen zu!"

Erika machte die Augen zu, und Peter führte sie in die Wohnung. „Morgen gehe ich zu meinem Vater", sagte er, „ich komme dann gegen Abend wieder zu dir."

„Ja", sagte Erika.

Am Sonntagmorgen war es im ganzen Haus still. Die oberen Mieter schliefen wahrscheinlich noch. Von unten war nichts zu hören. Erika duschte und zog sich an. Sie nahm ihren Fotoapparat, stieg leise das Treppenhaus hinunter und begann jede einzelne Amaryllis zu fotografieren, die unteren zuerst, bis zu den Schönsten auf dem Fenstersims. Dann ging sie in ihre Wohnung zurück und setzte sich auf ihren Stuhl am Fenster. Nach einer Weile sah sie, wie Herr und Frau Müller aus der Haustür traten. Sie gingen wohl in die Kirche.

„Ich tue es", sagte Erika. Sie fühlte diesen Zwang in sich hochkommen. Sie kannte ihn von früher, diesen unwiderstehlichen Zwang, etwas Böses zu tun. Sie nahm ihre große Schere und schlich leise das Treppenhaus hinunter. Alle mussten fallen, alle Blumen und Knospen, die aufgehenden und die fast verblühten, die schönen und die unscheinbaren. „So, das Werk ist getan", sagte Erika, während ein böses Lächeln ihre Lippen umspielte.

Sie ging in ihre Wohnung zurück, schloss die Tür mit dem Schlüssel von innen ab und hängte den Schlüssel an die Wand. Dann setzte sie sich auf ihren Stuhl am Fenster. Nach etwa zwei Stunden hörte sie die Haustür aufgehen. Zuerst war es einen Moment still, dann durchdrang ein furchtbarer, ohrenbetäubender Schrei das ganze Haus. Es war Frau Müller, die ihn ausstieß. „Alles zerstört!", rief sie, „das hat diese Bestie da oben getan!" Sie schluchzte laut. Nachbarn kamen herbei. Laute Stimmen tönten durcheinander, dann kamen Menschen die Treppe hoch und hielten vor Erikas Wohnungstür. Es wurde lange und schrill geläutet, dann an der Türfalle gerüttelt. „Komm heraus, du Hexe!", schrie Frau Müller. Erika blieb still, sie saß wie gelähmt auf ihrem Stuhl. Die Menschen gingen wieder, es waren nur noch gedämpfte Stimmen zu hören.

Erika blieb auf ihrem Stuhl sitzen, sie spürte weder Hunger noch Durst, sie war erstarrt. Stunden vergingen, es fing an zu dämmern. Leise tanzten Schneeflocken vor dem Fenster. Auf einmal waren wieder Schritte zu hören. Sie stoppten vor Erikas Wohnung. Es wurde kurz geläutet. Dann hörte Erika, wie ein Schlüssel im Türschloss gedreht wurde. Die Wohnungstür ging auf und drei Menschen betraten die Wohnung. Erika sah durch die offene Wohnzimmertür zuerst Peter, dann die Verwalterin und einen Polizisten. Alle sahen auf Erika. Peter ging auf sie zu. „Steh auf", sagte er. Er nahm ihre Hand und führte sie zum Polizeibeamten. „Wir bringen dich jetzt an einen Ort, wo du Ruhe finden wirst", versprach er.

Erika leistete keinen Widerstand. Ihre Augen schweiften wieder in die Ferne.

Peter umarmte Erika. „Jetzt wird alles wieder gut", sagte er.

Fränzi

Anna war die Beiständin von Franziska Byland. Vor vier Jahren hatte sie dieses Mandat übernommen. Der Amtsvormund hatte ihre zukünftige Betreute folgendermaßen beschrieben: Franziska Byland ist vierzig Jahre alt und behindert. Einerseits leicht geistig und andererseits körperlich, da ihr linker Arm seit einer erlittenen Kinderlähmung gelähmt geblieben ist. Sie ist eine liebenswürdige Frau, übergewichtig, die trotz ihrer Handicaps unternehmungslustig ist. Sie hat eine IV-Rente und hilft gelegentlich in der Wäscherei eines Altersheims. Sie lebt allein in einer kleinen Genossenschaftswohnung.

Anna war auf ihr Mündel gespannt. Nach der ersten Begegnung mit Fränzi, wie sie genannt werden wollte, merkte sie, dass die Beziehung zwischen ihnen gut klappen würde. Fränzi war überaus herzlich, naiv und spontan und schenkte ihr sofort ihre volle Zuneigung. Es gelang Anna, trotz aller Liebe eine gewisse Distanz zwischen ihnen zu bewahren. Es war nicht einfach, denn Fränzi wollte sie zu Werbefahrten, Gratis-Essen bei der Heilsarmee usw. überreden. Unterdessen hatte Fränzi akzeptiert, dass sie sich einmal im Monat, meistens bei Anna zu Hause, trafen.

Nun war es wieder so weit. Annas kleiner Dackel-Mischling Vöri merkte, dass jemand zu Besuch kam. Er lief immer hinter ihr her, schnupperte nach den belegten Brötchen und dem Kuchen und befand sich in erregter Erwartung.

Es läutete an der Wohnungstür. Vöri bellte und sprang als Erster zur Tür, Anna öffnete sie – und da stand Fränzi, breit und rund, und strahlte über ihr ganzes Gesicht, das von wirren braunen Locken umrahmt war. In dieses Gesicht blickte Anna gern, es war ein kindliches Gesicht mit großen braunen Augen, die immer einen etwas erstaunten Ausdruck hatten. Fränzi trug eine große, sichtbar schwere Tasche bei sich. „Vöri“, sagte sie, „ich habe dir etwas mitgebracht, lass mich los und komm.“ Sie befreite sich von dem Hund, der sie gut kannte und ein Leckerli erwartete. Sie drückte Anna überschwenglich die Hand und bewegte sich auf eine geschmeidige Art, wie es dicke Menschen manchmal an sich haben, durch den kleinen Korridor ins Wohnzimmer und auf den runden Tisch an ihren angestammten Platz zu. Sie kramte in ihrer großen Tasche, die sie auf den Boden gestellt hatte, und zog einen Beutel mit Hunde-Snacks heraus. Nur beim Öffnen durfte ihr Anna helfen, dann lehnte sie jede Hilfe ab. Anna staunte immer, wie viel Fränzi mit nur einer Hand machen konnte. „Sitz“, sagte sie zu Vöri, der sofort gehorchte und sein Leckerli bekam.

„Ich habe dir auch etwas mitgebracht“, sagte Fränzi dann zu Anna. Sie zog einen großen, etwa fünf cm dicken Packen Papier aus ihrer Tasche. „Das sind alles Prospekte über Ferien und Carfahrten, ganz billige, und dann hat es Wettbewerbe, die du machen kannst, es steht www und etwas darauf, wahrscheinlich für den Computer.“

Anna seufzte, das war dieses Werbematerial, das sie immer wegwarf. „Danke Fränzi“, sagte sie. „Ich werde es nachher anschauen, aber hast du mir nichts mitgebracht, das dich betrifft, Rechnungen oder dergleichen?“

Fränzi stutzte. „Ja, das hätte ich fast vergessen, es ist etwas vom Telefon, vielleicht habe ich etwas Falsches gemacht.“ Sie suchte in den Prospekten, und mittendrin befand sich ein Schreiben. Anna schaute es an. Es handelte sich um einen Vertrag, den Fränzi mit einem Telefon-Anbieter per Telefon abgeschlossen hatte. „Es war so“, erklärte Fränzi. „Eine Frau rief mich an und sagte, bei ihr könne ich viel billiger telefonieren als bisher. Und da habe ich halt Ja gesagt.“

Anna studierte das „Kleingedruckte“. „Ich glaube, da hast du eine Dummheit gemacht“, meinte sie.

Fränzi erschrak, ihre Augen füllten sich mit Tränen. „Ich habe Angst“, sagte sie. „Wenn mein Bruder das erfährt, flucht er und ruft: Was für einen Seich hast du wieder gemacht!“ Leider hatte Fränzis Bruder, der mit seiner Frau in ihrer Nähe wohnte, nur wenig Verständnis für seine behinderte Schwester.

„Ich werde versuchen, den Vertrag rückgängig zu machen, dann muss dein Bruder nichts davon erfahren. Jetzt wollen wir erst einmal gemütlich Kaffee trinken", sagte Anna.

Und Fränzi war getröstet. Sie trank drei Tassen Kaffee, aß vier belegte Brötchen, und als sie sich am zweiten Stück Kuchen gütlich getan hatte, meinte Anna, jetzt wolle sie mal mit dieser dubiosen Firma telefonieren.

Sie ging in ihr Arbeitszimmer und stellte die Nummer der besagten Firma ein. Zuerst musste sie nach Anweisung Taste 1, dann Taste 2 drücken, dann kam eine Stimme: Leider sind alle unsere Mitarbeiter besetzt, wir bitten Sie um etwas Geduld. Dann kam Musik.

Ja, dachte Anna, während sie wartete, das ist nicht das erste Mal, dass Fränzi eine Dummheit begeht. Vor einiger Zeit ließ sie sich von einem Vertrieb teuren Wein aufschwatzen. Der Mann am Telefon hatte gesagt, dieser französische Wein sei von einem ausgezeichneten Jahrgang, er sei etwas für Genießer, und wenn sie zwölf Flaschen bestelle, bekomme sie diese zum Preis von zehn Flaschen. Diesem Angebot konnte Fränzi nicht widerstehen und sie bestellte den Wein zu Fr. 25.00 pro Flasche. Als die Lieferung eintraf, merkte sie, dass sie die Flaschen mit nur einer gesunden Hand ja gar nicht öffnen konnte. Aber sie fand einen Ausweg. Sie rief ihre Freundin Jasmin an, deren Mann Franko (dem Alkohol durchaus nicht abgeneigt) die Flaschen am nächsten Tag abholte. „Jedes Mal, wenn wir eine Flasche aufmachen, laden wir dich dazu ein", sagte er. So hatte es sich Fränzi vorgestellt. Und das Wichtigste: Ihr Bruder würde nichts davon erfahren. Leider erfuhr er es trotzdem, denn Fränzi ließ die Rechnung offen auf dem Tisch liegen.

Die Musik am Telefon brach ab, wieder kam eine Stimme: Unsere Mitarbeiter sind immer noch besetzt. Wir bitten Sie weiterhin um etwas Geduld …

Und dann, dachte Anna, während sie immer noch wartete, war doch noch diese Geschichte mit dem Kellner, der Fränzi verführt hatte …

Aber da hörte Anna eine deutsche männliche Stimme am Telefon: „Was kann ich für Sie tun?“ Anna stellte sich als Beiständin von Frau Franziska Byland vor. Sie erklärte, dass sie den Vertrag, zu dem ihre Mandantin überredet worden sei, per sofort kündigen wolle. Frau Byland sei geistig behindert und auf die Werbung der Firma hereingefallen. Der Mitarbeiter meinte, so leicht gehe das nicht. Frau Byland hätte sieben Tage Zeit gehabt, von diesem Vertrag zurückzutreten, da dies nicht geschehen sei, gelte nun der Vertrag, der zwei Jahre dauern würde. Anna erklärte, dass sie damit nicht einverstanden sei, woraufhin der Angestellte meinte, sie könne ja versuchen, schriftlich zu kündigen. Sie müsse aber eine Bestätigung ihrer Beistandschaft beilegen.

Anna kehrte ins Wohnzimmer zurück. Fränzi hatte sich nochmals ein Stück Kuchen genommen, sie genoss es und fütterte dabei Vöri mit weiteren Hunde-Leckerlis.

„Fränzi“, sagte Anna, „ich werde diesen Vertrag rückgängig machen, du musst mir aber versprechen, nie mehr auf eine Telefon-Werbung einzugehen. Du sagst einfach Nein danke und hängst auf.“

Fränzi war sehr erleichtert, der Bruder würde nichts davon erfahren. Sie versprach Anna hoch und heilig, ihren Rat zu befolgen.

Dann spielten sie noch „Eile mit Weile“ zusammen. Fränzi gewann und war glücklich. „Ich danke dir tausendmal für alles“, sagte sie zu Anna. „Jetzt gehe ich noch in die Bierhalle Wolf. Ich habe mich mit Jasmin verabredet. Es gibt dort immer schöne Musik, und im Wolf kennen mich alle.“

Sie streichelte Vöri zum Abschied.

Und ich, dachte Anna, muss mich jetzt ans Kündigungsschreiben machen. Sie sah Fränzi durchs Fenster hinterher, wie sie übergewichtig, aber doch leichten Fußes davonging.

Fast könnte ich mein Mündel beneiden, dachte Anna.

Heimwärts

Mein Dackel Hanno, dachte Anna, hat es wie ich. Je älter wir beide werden, desto mehr zieht es uns nach Hause, in die Geborgenheit unseres „Nestchens".

Wie war es doch letzten Sommer in Kreta?, sann sie weiter. So schön die Olivenhaine und das weite auch Meer waren, nach zwei Wochen zog es sie wieder nach Hause. Nach ihrer Stadt, in ihr Haus, rundum umgeben von anderen Häusern. Zugegeben, es hatte auch viele Bäume und Sträucher dazwischen, aber keine große Aussicht, doch es war ihr Daheim.

Und Hanno? Als er jung war, zog es ihn in den Wald, und zwar täglich. Dort traf er seine Artgenossen und konnte seine Sympathien und Antipathien ausleben. Mit gewissen kleinen Hunden spielte er ausgelassen, den großen ging er respektvoll, aber mit erhobenem Schwanz aus dem Weg. Nach Hause zu gehen, dazu hatte er keine Lust.

Unterdessen war er zwölf Jahre alt und fast blind geworden. Immer noch ging Anna täglich mit ihm in den Wald. Auf dem Hinweg ging es langsam, Hanno schnüffelte überall herum und trappelte immer einige Schritte hinter ihr her. Aber wenn Anna nach einer halben Stunde umkehrte, da war Hanno plötzlich vor ihr. Jetzt pressierte es ihm, jetzt ging es wieder nach Hause.

Und so kam es, dass Anna einmal ihren Hund auf dem Heimweg verlor. Sie traf einen Bekannten auf dem Waldweg, der ihr irgendwas erzählte, etwas Unwichtiges, aber sie hörte zu. Als sie sich dann nach ihrem Hund, der wie gewöhnlich vorauslief, umsah, war er nirgendwo mehr zu sehen. Schnell verabschiedete sie sich von Herrn Meier und lief den Weg hinunter. Sie rief und pfiff nach Hanno, aber er war und blieb verschwunden. Etwas weiter unten gabelte sich der Weg. Ein Weg ging über den Sonnenberg nach der Stadt, der andere ging direkt nach dem Klusplatz.

Hier blieb Anna stehen. Vielleicht kam Hanno ja wieder zurück. Es kamen Leute an ihr vorbei, solche ohne und solche mit Hunden, die brav neben ihren Besitzern her liefen. Anna fragte: „Haben Sie nicht einen kleinen braunen Dackel gesehen?“ „Nein, ein solcher ist uns nicht begegnet“, sagten alle.

Anna war verzweifelt. Hannos Drang nach Hause war wohl zu groß gewesen. Aber er hatte ja ganz trübe Augen und sah fast nichts mehr, nur sein Geruchssinn war noch sehr gut. Konnte er so den Heimweg finden? Jetzt musste ihn Anna suchen gehen. Aber welchen Weg sollte sie nehmen? Sie wählte den, der über den Sonnenberg führte, diesen ging sie meistens mit ihrem Hund. Der Weg war nämlich sehr reizvoll. Man wanderte durch Weinreben und hatte dabei den Zürichsee und die ganze Uetliberg-Kette vor Augen. Aber diesmal hatte Anna keinen Sinn für die Schönheit der Natur. Sie rief wieder: „Hanno!“ Zuerst fordernd, dann lockend: „Hannoo!“ Aber kein Dackel war zu sehen. Sie kam zur Straße. War er doch den anderen Weg gegangen? Anna kehrte zur Weggabelung zurück und lief den geraden Weg zum Klusplatz hinunter. Hanno war nicht zu sehen.

Beim Klusplatz stockte Anna das Herz. Autos, Straßenbahnen, Busse fuhren ohne Unterlass über den Platz. Es war Feierabend. Die vielen Fußgänger hatten es, wie es schien, alle eilig. Aber keiner hatte einen Hund verloren und musste ihn suchen.

Es würde an ein Wunder grenzen, wenn Hanno tatsächlich den Heimweg durch dieses Chaos gefunden hätte. Anna dachte schon daran, die Polizei oder den Tierrettungsdienst zu alarmieren. An der Ampel musste sie warten, sie war rot, und es schien Anna eine Ewigkeit, bis sie auf grün schaltete. Sie durchquerte den Platz, ging ihre Straße hinunter und bog links zu ihrem Haus ein.

Und da – sah sie da nicht von Weitem etwas Kleines, Braunes? Sie ging rasch näher. Wirklich, es war ihr Hund, der unversehrt und voller Sehnsucht zur Haustür hinaufblickte.

„Hanno!“, rief sie. Er wedelte mit dem Schwanz und kam auf sie zugesprungen.

Sie konnte nicht mit ihm schimpfen, weil er davongelaufen war. Sie war zu glücklich, ihn wiederzuhaben. Es hatte ihn einfach heimwärts gezogen.

Die Holzfigur

Anna saß am Stubentisch im kleinen Landhaus im Oberland.

Sie war in ihrem alten Auto heraufgefahren. Es war September und es regnete. Sie würde das Wochenende allein hier verbringen müssen. Das war ihr gerade recht. Sie wollte über etwas nachdenken.

Natürlich musste sie zuerst heizen, damit es am Abend gemütlich wurde. Sie holte Holzspäne, Anzündebürdeli und Holzscheite hinter dem Haus und füllte damit den Kachelofen. Sie zündete das Holz an, und es fing an zu knistern. Während es im Stübchen warm wurde, machte sie sich das Abendessen zurecht: geschwellte Kartoffeln, Butter, Käse, ein Glas Wein.

Und nun saß sie am Tisch und schaute zum Fenster mit den rot-weiss gewürfelten Vorhängen hinaus, hinaus in den Regen, der auf die hügelige Wiesenlandschaft und den Wald dahinter niederströmte. Kein Mensch war zu sehen. Krähen flogen von einem Baum auf. Und da dachte sie, dass sie jetzt eine alte Frau war, dass es nicht mehr so war wie früher, dass ihre Gefühle anders waren und dass sie nicht mehr weinen konnte.

Da fiel ihr Blick auf die kleine Holzfigur auf dem Büchergestell. Sie holte sie herunter, sie wollte sie näher betrachten. Es war ein Osterhase, den Stephan vor langer Zeit, als er noch ein Kind war, aus feinem Holz gesägt hatte. Der Osterhase stand keck auf einem Roller, ein Fuß auf dem Trittbrett, der andere bereit zum Abstoßen auf dem Boden, die Pfoten am Lenker. Oberhalb des hinteren Rades stand auf einem Abstellbrett ein Körbchen, in dem noch rote und grüne Zucker-Eilein lagen. Der Osterhase hatte stolz aufgestellte Ohren und ein lachendes Gesicht. Stephan hatte ihr diesen Osterhasen einmal geschenkt.

Lange hielt Anna die Holzfigur in der Hand. Sie sah den kleinen Jungen vor sich, der eifrig und mit Hingabe dieses Kunstwerk vollbracht hatte, diesen Osterhasen, der so mutig aussah, bereit zum Start, so, wie Stephan als junger Mann vor dem Unglück bereit zum Start ins volle Leben war und …

Anna konnte nicht mehr weiterdenken, denn plötzlich kamen sie, die Tränen, die bei der Beerdigung nicht kommen wollten …

Beim letzten Enkel-Treffen hier auf dem Land im Mai sah sie Stephan zum letzten Mal. Er war so hübsch und groß und blond und beugte sich zu ihr hinunter, so zärtlich, und sie war stolz, einen solchen Enkel zu haben.

Zum letzten Mal jassten sie zusammen. Jassen konnte Stephan nicht so gut. Biken, Hockey-Spielen und Snowboarden konnte er, der Sport war seine Leidenschaft. Beim Jassen klappte es nicht immer. Manchmal gab er beim Schieber eine falsche Karte. Er ärgerte sich. Er rief: „Was bin ich für ein Dummkopf!" Ach, man musste „Ste" einfach gern haben, alle hatten ihn gern.

Nun war sein junges Leben zu Ende gegangen – und sie, Anna, die alte Frau, hatte weiter zu leben. Sie trocknete die Tränen. Nochmals nahm sie den Osterhasen mit dem lachenden Gesicht in die Hand. Stephan, lächelst auch du, in deiner anderen Welt, uns zu?

Die Weihnacht des Philosophen

An einem trüben Nachmittag im Advent stand Anna vor dem Haus mit den Alterswohnungen. An einigen Balkonen leuchteten Kerzengirlanden zwischen Tannenzweigen.

Sie trat ins Entree. Ein schöner Adventskranz lag auf dem kleinen Tisch. Zwei Kerzen waren bisher schon angezündet worden. An einigen Wohnungstüren hingen Tannengestecke, echte und künstliche.

Anna läutete an einer Wohnungstür ohne Adventsschmuck.

„Nur hereinkommen! Es ist niemand daheim außer einem alten Gwaggli!“, tönte eine nicht unsympathische Männerstimme aus der Wohnung.

Derjenige, der sich so bezeichnete, war Herr Dr. Leo Althaus, ein 75-jähriger gehbehinderter Philologe.

Jetzt im Alter nahm Leo Althaus das Leben philosophisch und gelassen. Er gönnte sich seine kleinen Passionen und ließ den lieben Gott einen guten Mann sein. Die Wohnungstür wurde nie geschlossen, aus Prinzip, weder bei Tag noch bei Nacht. Dinge und Geld ließ er liegen, wo sie hingelegt wurden. Er hatte Vertrauen in seine Mitmenschen.

Es waren nicht viele Leute, die bei ihm ein und aus gingen. Da war die Spitex-Frau, die einmal wöchentlich vorbeikam, dann der Metzgerei-Ausläufer, das Mädchen vom Quartierladen, die Frau, die seine Wäsche brachte, und Anna, die Verwalterin, die jeden Mittwoch einen kurzen Besuch bei ihm machte. Wenn er die Glastür zum Gartensitzplatz offen ließ, konnte es vorkommen, dass Frau Mautz hereinschaute, eine vornehme schneeweiße Angora-Katze, mit der Leo ein freundschaftliches Verhältnis verband.

Und war da nicht noch Florence?

Leo Althaus hatte in seinem Leben nicht viel Glück mit Frauen gehabt, obwohl er ein ansehnlicher Mann war. Er war mittelgroß, hatte ein kluges Gesicht und dichte braune Haare, die jetzt in ein schönes Grau übergegangen waren. Er war lange Jahre Dozent an der Universität und allgemein beliebt gewesen. Da geschah es öfter, dass er sich in eine Kollegin oder Studentin verliebte. Aber er war schüchtern, er schrieb Liebesbriefe, brachte seiner jeweiligen Angebeteten Blumen, aber weiter ging es nicht. Die Frauen fanden ihn sympathisch, aber zu einer Liebesbeziehung kam es nie. Sie alle heirateten später einen anderen. Freundschaft aber pflegte Leo Althaus weiterhin mit einigen von ihnen und später auch mit ihren Ehemännern und Kindern.

Anna schritt durch den kleinen, dunklen Korridor ins helle Wohnzimmer. Da saß Herr Althaus auf seinem Sofa. Er saß fast immer da.

Auf dem kleinen Tisch vor ihm lagen ausgeschnittene Zeitungsartikel. Ein halb volles Glas Rotwein und ein mit Zigarettenstummeln gefüllter Aschenbecher standen da.

An einem Messingständer mit einer weißen Kerze aber lehnte eine kleine Fotografie. Man sah darauf eine junge Frau mit einem lachenden, kecken Gesicht.

Herr Althaus zog an seiner Gauloise und ließ mit den Rauchschwaden auch seine Gedanken schweifen.

„Machen Sie sich doch ein Käfeli“, sagte er zu Anna, „oder wollen Sie lieber Wein?“

„Ich mache mir einen Kaffee“, sagte Anna, „und da bald Weihnacht ist, könnten wir die Kerze anzünden.“

„Ich mache mir nichts aus Weihnachten, ich bin froh, wenn der ganze Zauber vorbei ist. Aber zünden Sie die Kerze ruhig an“, erwiderte er.

Anna sah ihn an: Das war so gar nicht seine Art zu sprechen. Sie betrachtete die kleine Fotografie.

„Ist das nicht Florence?“, fragte sie.

„Ja, sie war letzten Samstag hier“, antwortete Herr Althaus.

„Und“, fragte Anna weiter, „wie war der Besuch?“

Heute war Herr Althaus ungewohnt schweigsam. Sonst erzählte er gern von seiner kleinen Freundin. Florence war die Tochter einer ehemaligen Studentin von ihm. Sie war für ihn wie eine Enkelin, die er verwöhnen konnte. Sie wohnte in St. Gallen, studierte Jura und kam ihn einmal im Monat in Zürich besuchen.

„Diesmal kam sie mit dem Zug“, sagte er endlich, „ihr altes Auto war in der Garage zur Reparatur. Da nahmen wir von hier aus ein Taxi und fuhren zur Fischerstube. Wir haben fein gegessen, und Florence hat mir von ihrem Praktikum beim Gericht erzählt. Dann begleitete sie mich wieder nach Hause.“ Jetzt lächelte Herr Althaus. „Es macht mir altem Knaben halt doch noch Spaß, eine junge, hübsche Frau auszuführen.“

Eine Weile war es still. Dann sagte Herr Althaus plötzlich: „Zu mir kam eine Hexe hereingeflogen und hat mich bestohlen.“

„Eine Hexe?“, fragte Anna.

Es stellte sich heraus, dass Herr Althaus achthundert Franken auf dem Tisch hatte liegen lassen. Die Spitex-Frau sollte damit für ihn einige Zahlungen machen. „Und jetzt ist das ganze Geld weg, einfach verschwunden. Ich habe es vor ungefähr zwei Wochen unter die Zeitungsausschnitte gelegt.“ Anna erschrak. Da kamen nun einige Menschen, sie nicht ausgeschlossen, in Betracht.

Sie spürte, dass Herrn Althaus weniger der Verlust des Geldes, als vielmehr der Vertrauensmissbrauch wehtat.

„Vielleicht kommt das Geld ja wieder zum Vorschein“, sagte Anna beim Abschied etwas kläglich.

„Ja, vielleicht ...“, meinte er.

In den folgenden Adventstagen hatte Anna auch für sich und ihre Familie noch einiges zu besorgen. Als sie in die Stadt kam, fielen erste Schneeflocken vom Himmel. Es herrschte Weihnachtsstimmung. Sie bewunderte die festliche Beleuchtung in den Straßen, hörte dem Heilsarmee-Chor zu, der „Oh du fröhliche, oh du selige, gnadenbringende Weihnachtszeit“ sang, und ließ ein Geldstück in den Kessel fallen. Aus Buden duftete es nach gebrannten Mandeln und Magenbrot. Dann ging sie in die Geschäfte und suchte Geschenke für ihren Mann und ihre Kinder aus.

Dazwischen dachte sie aber immer wieder an Herrn Althaus.

Am 24. Dezember, am Heiligen Abend, ging sie nochmals bei ihm vorbei.

Er saß auf seinem Sofa, die Flasche Rotwein war fast leer. „Ja“, sagte er bitter, „das ist nun meine Weihnacht, die Weihnacht des Philosophen, allein und bestohlen.“

Anna setzte sich still zu ihm, sagen konnte sie nichts.

Da läutete es an der Wohnungstür. „Ach, das wird der Ausläufer von Hänni sein, der mir das bestellte Filet bringt“, sagte Herr Althaus. „Würden Sie so gut sein und aufmachen?“

Anna öffnete die Wohnungstür – und da stand Florence. Sie hatte eine dicke Winterjacke und Stiefel an. In der einen Hand trug sie ein kleines Christbäumchen mit brennenden Kerzen, in der anderen eine Tasche. Leise schritt sie ins Wohnzimmer, und sorgfältig stellte sie das Bäumchen auf den Tisch. Ein feiner Tannenduft verbreitete sich.

Sie gab Herrn Althaus die Hand. „Leo“, sagte sie mit Tränen in den Augen, „verzeih mir, ich habe etwas Böses getan, ich habe dein Geld genommen. Jetzt habe ich es dir wieder zurückgebracht.“ Sie zog einen Briefumschlag aus der Tasche und dazu eine große Dose. „Ich habe für dich Mailänderli gebacken, die du so gern hast“, sagte sie. Sie setzte sich zu ihm, und Tränen liefen ihr über die Wangen.

Jetzt wurden auch die Augen von Herrn Althaus feucht. „Aber warum hast du das Geld genommen?“ fragte er.

„Ich musste doch die Auto-Reparatur bezahlen und hatte kein Geld. Jetzt habe ich einen Freizeit-Job in einem Laden bekommen, da verdiene ich etwas, und mein Vater hat mir das Geld vorgeschossen.“

Da umarmte Leo seine Florence. „Jetzt ist das Christkind doch noch zu mir gekommen“, sagte er.

Anna ging still davon.

Worte an eine Freundin

Der Nussbaum

Der Baum ist groß, stark und warm. Ich bin klein und schwach, ich umarme den Baum, die Rinde ist warm, die Wärme geht in mich über, ich fühle mich eins mit dem Baum …
Der wunderbare Baum ist mit seinen Wurzeln seit vielen Jahren fest im Boden verankert, aber seine Äste streben dem Licht, der Sonne entgegen.
Ich möchte sein wie dieser Baum, noch fest im Leben verankert, aber mit Fühlern, die sich schon langsam nach dem anderen, ewigen Leben ausstrecken …

Orchidee

Weiße Blütenknospen schauen dem Licht entgegen
Unschuldige öffnen sich und blühen
Für wen? Für dich, für mich?
Kleines Wunder im Alltag

Dunkelheit

Dunkelheit draußen, Dunkelheit in der Seele
Kälte
Kerzenlicht, heißer Kaffee, eingehüllt in eine warme Decke
Ich bin geborgen

Ein Herz, das warm ist

Ich wünsche dir Geborgenheit in der warmen Stube
Kälte, die draußen bleibt
ein gutes Buch, schöne Musik
ein Herz, das warm ist, Zärtlichkeit

Schlaflose Nächte

Farbige Lichter tanzen wild, schreien laut
werden ruhiger, werden still
streicheln dich sanft, berühren dich leise
heilen dich, schlaf ein, träume

Erinnerungen

Wenn Blätter fallen
Wenn Kastanien braun und glänzend aus der Hülle gesprungen
am Boden liegen
Wenn man auf Buchnüsschen tritt
Wenn leiser Nebel kommt
Dann werden Erinnerungen wach,
Erinnerungen an früher und später

Wasser

Schau ins Wasser
Uralte Bäume spiegeln sich darin
Und deine Seele

Vögel

Sie fliegen vom Norden zu uns
Sie fliegen von uns in den Süden
Wir bleiben da mit unserer Sehnsucht

Ein Hund

Ein Hund hat eine Seele
Er ist glücklich, er ist traurig
Er spricht mit seinen Augen
Wenn sein Gefühl groß ist, werden seine Augen nass
Ein Hund ist einfach wunderbar

Reisen

Reisen in die Vergangenheit
Wieder ein Kind sein
Kleine Wunder erleben
Die erste Liebe genießen, glücklich sein, traurig sein
Das Leben leben
Auch jetzt noch

Ein Duft

Ich komme heim vom Schlitteln,
durchfroren mit Kuhnagel an Händen und Füssen
Meine Mutter nimmt meine Hände
und wärmt sie unter ihren Armen
Sie macht Lindenblütentee
Seitdem liebe ich diesen Duft, den Duft von Lindenblüten

Weinen

Ich möchte weinen, aber ich kann es nicht
Ich möchte loslassen, aber ich kann es nicht
Ich schaue meinem Hund in die Augen, lange
Seine Augen werden nass, meine auch
Erlösung ist da

Winter

Schneeflocken rieseln leise
Weißer verzauberter Märchenwald
Wo ist das rote Waldmännlein?
Kurze sonnige Tage, lange dunkle Nächte
Mond und Sterne blinken zwischen Wolken
und du wartest

Ein neues Kleid

Ich habe mir ein neues Kleid gekauft
Ich bin nicht jung, ich bin nicht alt
Ich freue mich am neuen Kleid

Wellness

Es ist dunkel, wir liegen im Pool im Freien
Wir lassen uns verwöhnen
Das Wasser umsprudelt uns, das Wasser massiert uns
Über uns blinkt der Mond
Wir sind fast im Paradies

Leidenschaft – Freundschaft

Leidenschaft: ein Wasserfall, der sprudelt und rauscht, der Millionen von Wassertröpfchen versprüht, der in allen Farben schillert.
Freundschaft: ein Fluss, der ruhig durch schöne Landschaften zieht, der Beständigkeit und Treue verspricht.

Nacht

Die Nacht ist lebendig
Kater schreien, Rehböcke rufen, Füchse bellen
Triebe erwachen
Die alte Frau schläft und träumt
Ihr Prinz kam vor langer Zeit

Vergiss das Weh

Vergiss das Weh
Sitz mit mir auf einem Baumstrunk in der Waldlichtung
Rieche das Harz, zähle die Baumringe
Höre das wahnsinnige Hämmern des Spechts
Schaue dem Milan nach, der über allem seine Kreise zieht

Mein Kind
Ich habe es geboren, ich habe es gehütet
Es ist fortgeflogen, bald fliege auch ich

Froh
Ich bin froh
Ich habe liebe Kinder und Enkel
Und ich habe eine liebe Freundin, ich bin froh

Die Autorin

Viola Trüb-Girardi wuchs in einer Familie mit zwei Geschwistern in Zürich auf. Schon als Kind las sie leidenschaftlich gerne und schrieb heimlich Geschichten. Nach der Schule machte sie eine kaufmännische Ausbildung. Sie heiratete früh und kümmerte sich als Familien- und Hausfrau um ihre zwei Töchter. Daneben interessierte sie sich schon immer für andere Menschen, darum absolvierte sie eine dreijährige Ausbildung mit Diplom an der Schule für Sozialbegleitung in Zürich. Die soziale Tätigkeit in diesem Bereich bereitete ihr viel Freude. Nach wie vor ist die Literatur ihre große Leidenschaft. Sie nimmt an regelmäßigen Treffen teil, bei denen Texte „aus eigener Feder" gelesen werden, und lernt gerne aus den besprochenen Werken. Ein kleines Buch mit Kurzgeschichten hat sie bereits in Eigendruck herausgebracht. Neben dem Lesen und Schreiben wandert sie gerne und liebt das Handarbeiten und Gärtnern.